あなたは死んだらどうなるか？

あの世への旅立ちとほんとうの終活

大川隆法
Ryuho Okawa

まえがき

私にとっては当然でも、「死」についてまともに向き合い、考えたことのない人にとっては、驚きの内容を易《やさ》しくまとめてみた。

夏休みの納涼《のうりょう》企画で、テレビの「本当にあった恐い話」的なものを観《み》て、「一人で寝るのが怖《こわ》い」とか、「トイレが怖い」「お風呂が怖い」とか言っている人には、ちょうどよいくらいの入門書だろう。

また定年年齢を迎えたり、葬式《そうしき》費用《ひよう》を節約したいと考えている年頃の人たちにも、もう一度、本書の内容を確認してもらった上で、「それでもその考え方でよろしいか。」責任をもって、自己確認してほしい。

誰にとっても、「死」は、突然に、かつ、確実に来るし、ある意味で
「来世《らいせ》小学校」への入学準備でもあるのだ。

二〇一八年　八月二十日

幸福《こうふく》の科学《かがく》グループ創始者兼総裁《そうししゃけんそうさい》　大川隆法《おおかわりゅうほう》

あなたは死んだらどうなるか？　目次

第2章　「心の洗濯《せんたく》」がほんとうの終活《しゅうかつ》

第3章　幸福で健康な長寿《ちょうじゅ》になるエイジレス生活法

第4章 病気になったときの心の調《ととの》え方

第5章　美しい心で〝店じまい〟する方法

5　美しい心を残して、新たな旅へ

プロローグ

束《つか》の間《ま》の旅

その日は、誰《だれ》にも平等にやってくる。
死の下《もと》の平等――。
たとえ人間の寿命《じゅみょう》が、
二百歳《さい》や三百歳に延びたとしても、
死の恐怖《きょうふ》や、
苦しみや悲しみは、なくならないであろう。

未来社会にも、
宗教は存続し続けるであろう。
この世がいかにバラ色に輝《かがや》こうとも、
医学がいかに発達しようとも、
宗教なくば、
死の恐怖を乗り越《こ》えることは難しい。
そしてまた、
いちはやく、死の恐怖を超越《ちょうえつ》した者こそ、
英雄《えいゆう》となり、
覚者《かくしゃ》ともなるのだ。

人生も半《なか》ばを過ぎたなら、
少しずつ、
この世への執着《しゅうちゃく》を減らしてゆけ。
名誉心《めいよしん》をおさえ、
利己心を透明《とうめい》なものへと変えてゆけ。
財産はあっても、持ってはゆけない。
怒《いか》り少なくして、
穏《おだ》やかな心となることを尊ぶがよい。

あの世から見れば、
この世は、束《つか》の間《ま》の旅にしか過ぎないのだ。

プロローグ

第1章

人はこうして、あの世へ旅立つ

1　死後の世界は存在する

死んで肉体が焼かれても終わりではない

世の中の九十パーセント以上の人々は、死後を恐《おそ》れているのではないでしょうか。街頭《がいとう》などで訊《き》かれれば、半数ぐらいの人々は「死後の世界などない」と答えるかもしれませんが、それでいて、内心では「もしあったらどうしよう」と思っている人が多いはずです。

死後の世界が恐れられる理由の一つは、「死後の世界の話は数多くあるけれども、そこに行って帰ってきた人がほとんどいないために、よく分からない」ということにあると思います。確かに、死後の世界に行って帰ってきた人がほとんどいないというのは、そのとおりであり、分からないのも無理はない面があります。

それでは、死後の世界をどのように認識すればよいのでしょうか。その前提として、ぜひ言っておきたいことがあります。それは、「あなたは『人間は死んで肉体が焼かれたら何もかもなくなってしまう』と考えているかもしれないが、そうしたことは絶対にない」ということです。

八百人近くの霊人《れいじん》を呼び出している霊言集《れいげんしゅう》

現代では、「科学技術的ではないものは、真実ではない」というような見解もまかり通ってはいますが、人類の歴史のなかにおいては、そういう考え方が支配しているのは非常に短い期間にすぎません。

例えば、「霊界《れいかい》というものはあるか、ないか」ということは二つに一つでしょう。「あるか、ないか」なのです。

ただ、世界各国の人たちが、いろいろな宗教において、あるいは哲学《てつがく》や思想において、「あの世があり、人間はこの世に生まれてくる」、あるいは「生まれ変わってくる」という思想を持っていることが、あまりにも多すぎます。

「それらがすべて、単なる説話や伝説、昔話にしかすぎないのか、そうではないのか」ということを、八百人近くの霊人《れいじん》を登場させて四百九十冊以上の霊言集《れいげんしゅう》を出すことで、私なりに霊界の証明をしているわけです（発刊時点。二〇二五年七月現在、六百冊以上)。これは科学的証明と言えるかどうかは分かりませんが、これ以外に証明できる方法があるならば教えてほしいと思います。そうした方法は、そう簡単に手に入るものではありません。

「あの世」と「人生の合格ライン」はある

魂《たましい》は、死んだあとにもあって、生前の個性や考え方を持ったまま生きていること、死後、行き先に違《ちが》いが出ることを知れば、「生きている間に、どう生きなければいけないか」という判断基準は自《おの》ずから出てくるでしょう。

また、「善悪なんて分からない」という言い方もあるかもしれませんが、簡単に言えば、やはり、「善」「悪」の二つはあって、「天国」は、「地獄《じごく》」とはっきり分かれています。人間は、善も悪も含《ふく》んだ行動をしながら生きていますが、人生を全体的に見たとき、「合格か、不合格かのライン」は、はっきりあるのです。

そのため、私は、「どうすれば、合格になるか」、「どうすれば、この世で生きて、人間として成功したと言えるか」というラインを、いろいろな本で教えています。どうか、これをつかんでください。

さらに、「不合格」の場合は地獄に行って苦しむことになりますが、なかには、自分が苦しむだけではなく、子孫《しそん》など、生きている人間に取り憑《つ》いて災《わざわ》いを起こす人がいます。例えば、病気にしたり、事故に遭《あ》わせたり、殺してしまったりするような人がたくさん出てきていますが、こんなことにはなりたくないでしょう。これを避《さ》けようと言っているわけです。

死んだあと、人の魂《たましい》はこんなふうになる

では、人間の魂《たましい》は、死後、どのようになるのでしょうか。

人間は、通常、自分が死んだことが、なかなか分かりません。もちろん、亡《な》くなって、その日のうちに、さっと肉体から魂が出ていく方もいらっしゃいますが、普通《ふつう》の方は、自分が死んだことがすぐには分かりません。そこで、しばらくは病気の延長のようなつもりで、肉体のなかにいるのです。

そのため、周りの人が「ご臨終《りんじゅう》です」とか、いろいろなことを言っているのを、「まだ生きているのに、おかしなことを言うなあ」と思って聞いています。あるいは「心臓が止まりました」とか言われるので、自分の胸

に手をあててみると、まだ心臓は動いているのです。これは心臓の霊体《れいたい》がまだ動いているのですが、「あれ、おかしいな。心臓が動いているのに止まったと言っている。この医者、誤診《ごしん》をしている。『脳波も停止しました』なんて、大変なことを言っているけれども、現に脳が一生懸命《いっしょうけんめい》活動しているのに何を言っているんだ」というふうに思うのです。

このように、通常は、自分はまだ生きていると思っていて、死んだことの自覚がありません。しかも最初は肉体そのままの姿でいますから、変な感じです。

その日は、お通夜《つや》や葬式《そうしき》の準備でいろいろな人が集まってきたりするのですが、ある程度よく分かっている人だったら、「どうやら死んだかもしれないし、死んでないかもしれないし」と、しばらくは、もうひとつよく分からない感じがします。

そして、いよいよお通夜や葬式が始まって、自分の写真が額縁《がくぶち》に入れて飾《かざ》ってあったりするのを見て、「勘弁《かんべん》してくれよ」と言っています。すでに死んでいるのですが、「もう勘弁してくれよ。嫌《いや》だよ。まだ死にたくないよ」などと言っているのです。

その間、魂というのは、肉体を出たり入ったりしています。まだしばらくは家のなかにいて、ときどき、屋根近く、あるいは天井《てんじょう》近くまでフワッと浮《う》いていって、下を見て何だか怖《こわ》くなって、ま

亡くなって間もない人の魂が、霊子線の付いた状態で周囲を見回している様子。(映画「永遠の法」〔製作総指揮・大川隆法／2006年公開〕より)

た戻《もど》ってみたりとか、そういうことをくり返しているのです。

人間の後頭部には、銀色の細い線で魂と肉体がつながっているところがあります。幸福の科学では、それを「霊子線《れいしせん》」と言っています。例えば「幽体離脱《ゆうたいりだつ》」といって、魂が肉体から出ていっても死なないということがありますが、この場合には、この銀色の細い線がいくらでも伸《の》びていっているのです。何十メートルでも何百メートルでも伸びていくのです。これが切れないかぎりは、肉体に戻ってくることがありうるのです。しかし、これが切れたときは、もう二度と帰ってくることができません。

2 あなたはどれ？ 死の直後、3つのコース

コース① 霊界《れいかい》にまったく旅立てない人

このあと、魂《たましい》は、だいたい三通りに分かれます。

一つは、まったく霊界《れいかい》への旅立ちができない人がいます。要するに、生きているときに、唯物論《ゆいぶつろん》——物しかない、物質しかない、死んだらあの世など絶対にないということを、単に自分でそう思っているだけではなく、

すでに特定の信条や思想にかなり染まっていて、実際にそう信じ込《こ》んでいるような方などです。

これは、この世的なる身分や地位は全然関係ないのです。例えば科学者でも、そうした考え方に凝《こ》り固まって、「あの世などという迷信《めいしん》はまったく信じられない」などと言い切っているようなタイプの人がいます。そういう方は、哲学者《てつがくしゃ》などのなかにもいます。

このように、この世的なことで凝り固まっていて、「あの世なんか、どんなことがあっても絶対信じられない」というタイプの人は、死後の世界を認めませんから、肉体が焼けたあとにも自分が存在するということが分からず、よく「地縛霊《じばくれい》」というものになります。そのため、霊界への旅立ちができないでいるのです。そうすると、本人は「生きている」と思っていますから、身内にいろいろな不幸が起きたりすることがよくあります。何とかして自分の存在を知らせようとするのです。そのように、ずっと地縛霊になっている人がいます。

あるいは、死ぬときに、ものすごい苦しみ、痛みのなか、阿鼻叫喚《あびきょうかん》の状態で死んだ人は、精神のほうが何も考えられないような麻痺《まひ》状態に完全になっていて、自分が死んだということに気がつかないまま、十年、二十年、三十年と経《た》っていることがあります。葬式《そうしき》も何も全然分からないのです。死ぬときの、病気の末期の厳しい状態で苦しんでいるだけで、あとは何も考えつかないという方もいます。こういう人たちは、ほんとうにあの世への旅立ちにまで入れない方なのです。

コース② すぐに地獄《じごく》に堕《お》ちる人

一方、極悪非道《ごくあくひどう》と言うと語弊《ごへい》がありますが、行為《こうい》において、悪の行為を貫《つらぬ》き、心において、考えにおいて、まったく仏神《ぶっしん》の考えの正反対で、悪さを重ねてきたような人の場合には、いわゆる「真っ逆《さか》さまに堕《お》ちる」という感じになります。ちょうど、エレベーターの上のワイヤーが切れたような感じでしょうか。「ああーっ」と地下に堕ちていく感じです。

これは、どのくらい堕ちたと感じるかが、その人の罪の深さなのです。あまりにも悪いことをした人は、地球の中心部まで堕ちたような感じ、いったい何千キロ、何万キロ堕ちたか分からないような感じになります。ダーッと堕ちていくのです。これは、たまりません。

そして、止まった所で、まず、真っ暗ななかで一人にされます。それから、いろいろと、地獄巡《じごくめぐ》りが順番に始まっていきます。コースがさまざまにあるのです。

こういう、真っ逆さまに堕ちる人がいます。生前から、ほんとうに、悪《あく》霊《れい》、悪魔《あくま》がたくさん憑《つ》いていたような人は、そうなることが多いのです。

コース③「導きの霊《れい》」と霊界《れいかい》へ旅立つ人

通常の人は、一週間以内ぐらいに、だいたい「導きの霊《れい》」が来ます。導きの霊とは、その人を説得するのにいちばんふさわしい方です。たいていの場合は、まずご両親が来られます。それから、親しかった友人、すでに亡《な》くなっているきょうだいが来られます。

ただ、そうした方が地獄に行っている場合は、そこから出て来られないので、迎《むか》えに来ることはできません。来られた場合には、いちおう成仏《じょうぶつ》している方です。そして、亡くなられた身内や友人の顔を見ていると、どうやら自分が死んだということが、実感として分かるのです。

そういう迎えが来たあと、しばらくしますと、導き専門の本格的な専門職の方が来ます。死んだ人の宗教観によって、多少違《ちが》ったかたちで出ますが、仏教的な人でしたら、お坊《ぼう》さん風の人が来たり、キリスト教系ですと、天使のスタイルをした方がよくお出《い》でになります。そして「こちらにいらっしゃい」と案内してくれます。

そのときは、通常、まずは家の屋根の上のほうに抜《ぬ》けていって、空に飛んでいるような感じになります。霊体《れいたい》ですから、ほんとうは自由自在なのですが、人間としての意識がまだ残っていて、空を飛んだりするのは怖《こわ》い感じがあります。そのため、導きの霊が必ず脇《わき》についていて、引っ張っていってくれるのです。

「三途《さんず》の川」の様子

そして、しばらくは上昇《じょうしょう》しているような感じですが、やがて周りの景色がだんだん変わってきます。これは民族によってずいぶん違いがあるのですが、日本人の場合ですと、山のような景色が見えてくるところにやってきます。そして、いつの間にか導きの霊がいなくなって、一人になって歩いていきます。

人によってはずいぶん違った景色を見ることがありますが、たいていは人口密度の少ない野原や山といったところです。だいぶ歩いていきますと、日本人でしたら、たいていの方が川に行き当たります。これが有名な「三《さん》途《ず》の川」というところなのです。

生きているときに臨死《りんし》体験をされる方がよくいますが、そういう方は、たいていその川のところまで来て、渡《わた》るか渡るまいかと思っているときに、後ろから呼ぶ声がして、振《ふ》り向いたら生き返っていたというのが多いのです。この川を渡ったら、もう戻《もど》ってこられないという意識の境界線のようなものが出てくるのです。おそらく八割以上の方は亡くなったときに三途の川を見るはずです。

三途《さんず》の川の渡《わた》り方、3つのパターン

・溺《おぼ》れかけながら渡る

それから、だんだんこの川に近づいてみますと、人によっては、濁《にご》った川に見えることもありますし、血の池のような川に見えることも、清流に見えることも、深い澱《よど》みのように見えることもありますが、とにかくこの川を渡《わた》らなければいけないということだけは分かります。

この三途《さんず》の川の渡り方が何種類かあります。

あの世に旅立った霊人たちが三途の川を渡る様子。(右下) 執着の多い人は、溺れかけながら渡ることになる。(映画「永遠の法」〔製作総指揮・大川隆法／ 2006 年公開〕より)

ここで自分がどういう渡り方をするかによって、その後どういうふうにな っていくかが少し分かりますから、あらかじめ教えておきます。

おそらくはその後のコースが悪いであろうと思われる方は、ここで溺《おぼ》れかけながら渡ることになるのです。激流に呑《の》まれそうになって、はあはあ言って、もう身体《からだ》も着物もビショビショ、息も絶《た》え絶《だ》えになって、実際に死ぬことはないのですが、溺れ死ぬのではないかというような、それほどの苦労をして泳いだりフラフラしながら、この川を渡ります。

そのときに川のなかをよく見てみますと、川の底にいろいろなものが落ちています。川を渡っていったときに、名刺《めいし》であるとか、預金通帳であるとか、生前いろいろと執着《しゅうちゃく》していたようなものが落ちていき、たくさん沈《しず》んでいるのです。それがキラキラ見えていますが、取ろうとしても取れません。けれども、これを見て渡るときに、「ああ、どうやらあの世に来たときには、生前に執着していたものを置いていかないと駄目《だめ》なんだな」というようなことを学ぶようになるのです。そういうものを多少知るようになります。

・水に浸《つ》からず、水面を渡《わた》る

次に、川のところへ来たときに、渡《わた》ろうとしたら、水面を浮《う》くようなかたちでスーッと渡ってしまう人がいます。水に全然浸《つ》からずに、スーッと移動するかたちで渡る方がいます。こういう方は、かなり出来がよい方です。魂の比重が軽いといいますか、そうとう汚《けが》れが少ないのです。魂があまり汚れていないので、川のなかに入らず、その上をスーッと動いていくのです。

・舟《ふね》や橋を使って渡《わた》る

それから、人によっては、ときどき舟《ふね》が出てくることがあるのです。昔は六文銭《ろくもんせん》を持っていかないと渡れないなどとよく言われましたが、渡《わた》し舟が出てくることがあります。そして、それに乗せてもらえる人、乗せてもらえない人があります。川が荒《あ》れている場合、「乗せてくれ」と交渉《こうしょう》するのですが、乗せてもらえる人と乗せてもらえない人がいます。

そのあたりから、また反省が始まるのです。乗せてもらえない方の場合、生前の自分の肩書《かたがき》や偉《えら》さ――どれほど偉かったかということを、一生懸命《いっしょうけんめい》言うのです。例えば「自分は○○という全国的に有名な会社の社長だった」とか、「大金持ちなんだ」「自分は家柄《いえがら》がいい」「学校がいい」「自分の子供が出世している」などと、とってつけたような理由を一生懸命言っているのです。

しかし、渡し守《もり》が、「おまえさんのその姿は何だ。よく見てみなさい」と言うと、ほんとうに貫頭衣《かんとうい》のようなみすぼらしい服を着ているだけで、まるで囚人《しゅうじん》か何かのような気がして、まったく無力なことを感じるのです。

ほかには、ごく稀《まれ》にではありますが、橋がかかっていて、そこを渡れることがあります。もし橋がかかっていて、そこを渡れたとしたら、またこれもそこそこよい待遇《たいぐう》なのです。「あなたは、この世的にはそれほど偉くなかったかもしれないが、霊的に見たら、そこそこ尊重される立場の人間なのだ」ということを意味しているのです。

このようにして、向こう岸のほうに渡ります。川幅《かわはば》は、本人の苦しみに応じて、幅広く見えたり狭《せま》く見えたりしますが、通常はだいたい五十メートルから百メートルぐらいの川幅に見えるはずです。

三途《さんず》の川を渡《わた》ったあとは?

そこを泳ぎ渡《わた》って向こう岸に着いた場合には、もう服も何もかもグショ濡《ぬ》れです。たいていの場合、そこで、おじいさんとおばあさんの二人が出てきます。

そこでは、たき火をたいていることが多く、「あなた、ずぶ濡れになりましたから、その服を乾《かわ》かしてあげましょう。服をお脱《ぬ》ぎなさい」と言うので、「ああ、あの世でも親切な人がいるものだなあ」と思って服を脱いで渡すと、そばの大きな枯《か》れ木の枝に服をかけてくれるのです。すると不思議なことに、その木がグーッと曲がる人と、曲がらない人がいます。それを見ていて、おじいさんかおばあさんのどちらかが、ニタニタ笑いながら「あんたは、これから大変だよ」などと言います。

その木の枝の曲がり方というのは、結局、生きていたときの罪の重さを意味しているのです。ここでグーッと曲がっていく場合には、「もう危ないぞ」という意味です。また、罪の軽い人の場合には、木にかけたらすぐに乾いてしまいます。しかし、重い人の場合にはなかなか乾きません。

そして、着物はまた返してくれるのですが、そこでだいたい行き先を言ってくれます。いろいろな道がありますが、霊的な感覚でいくと、その道の長さは、川を渡ってから、早い人で三日、平均すると七日から十日ぐらい歩く感じになります。その程度の日数が経ったような感じがする距離《きょり》感覚です。そのぐらいの間を、霊界の景色を見ながら歩いていく感じになります。

3 〝生前映画〟が上映されて、霊界《れいかい》での行き先が決まる

心のなかまで映す「照魔《しょうま》の鏡」

そのあと、地獄《じごく》へ真っ逆《さか》さまに堕《お》ちる人の場合は論外なのですが、普通《ふつう》の人の場合、生前の清算をするまでの間は、天国・地獄が分かれる前の所、この世の延長線上の霊界《れいかい》にいます。

そこで、よく言われるように、過去を映すスクリーンを見ます。スクリ

ーンというのは現代語で、現代の映画やビデオができて初めて出てきたものであり、昔で言えば、過去を映す鏡です。

あの世の人たちは、だいたい、「『照魔《しょうま》の鏡』という言葉をよく使う。『照魔の鏡』と言うことが多い」と述べています。それは、生前の悪業《あくごう》、悪いことをしたことなどを映し出す鏡なのです。

そういう、イメージ的には鏡、もしくはスクリーンのようなものがあり、そこに、知り合いなども集まってきていますし、導きの天使たちも来ています。そこで、自分の生前の何十年かの生涯《しょうがい》、個人ヒストリーを上映してくれるのです。

この世的には、上映時間は、ほんとうに短い時間なのですが、気分的には一時間ぐらいの感じでしょうか。

生まれてからの、要所要所、いろいろな人生の転機、要するに、自分の意識で見るとスナップ写真みたいに写っているようなところが出てきます。

この世に生まれて、幼少時代、小学校時代、中学校時代があり、それから、進学したり、卒業したり、結婚《けっこん》したり、就職したり、転職したり、離婚《りこん》したり、破産したり、再建したり、子供が大きくなったり、子供が亡《な》くなったり、いろいろなことがあります。

そういう、自分の経験したことのトピック

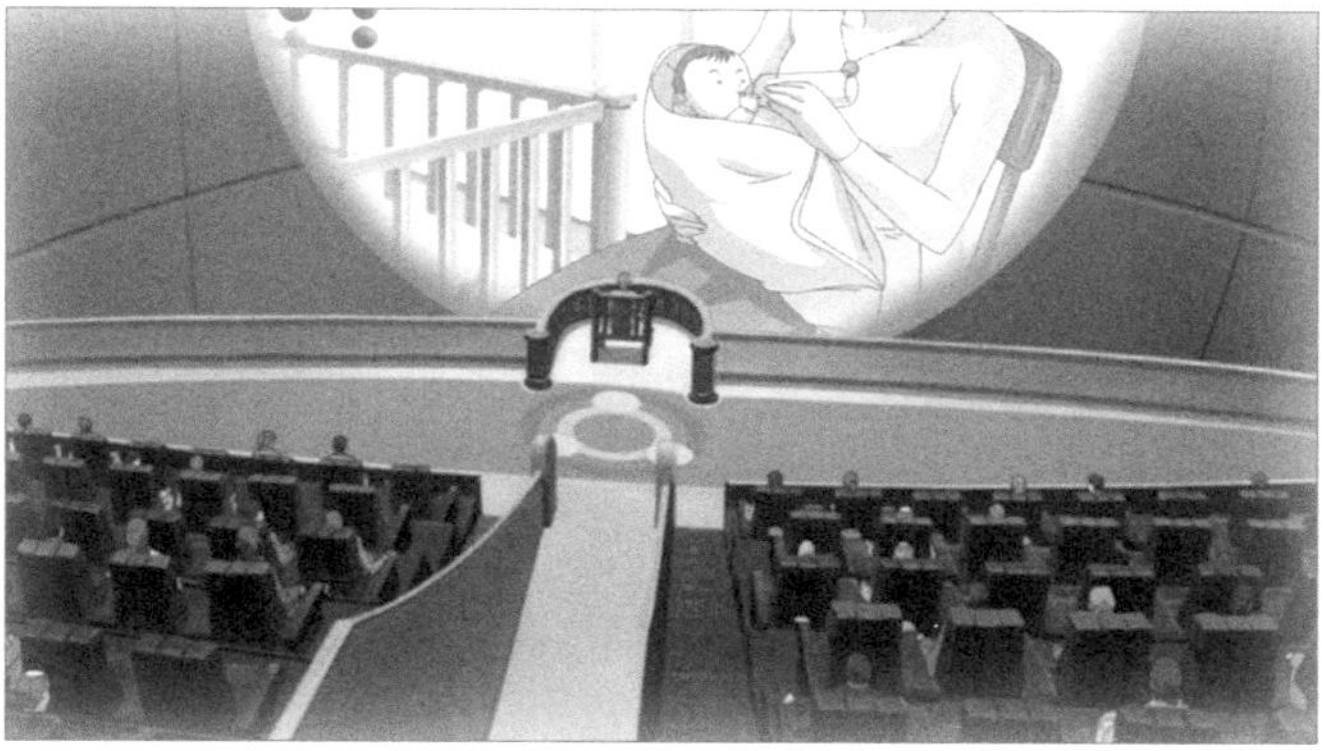

照魔シアターでは、生前、縁のあった人たちが見ているなかで、自分の生涯が上映される。（映画「永遠の法」〔製作総指揮・大川隆法／ 2006 年公開〕より）

スが、次々と出てきて、「そのつどそのつど、自分がどのように思ったか。どう考えて乗り越《こ》えてきたか」というようなことが、ザーッと出てくるのです。

例えば、競争で負かした相手の「その後」を追体験する

また、自分としては、「人生の途上《とじょう》で、自分は仕事で勝利した。他社を競争で退《しりぞ》けて取引に成功した」という記憶《きおく》を持っているとします。そうすると、人生の回顧《かいこ》のなかで、確かに、そういう場面が出てくるのですが、そのときに、「敗れた相手のほうが、その後、どうなったか」ということも見えてくるのです。

敗れた人が、肩《かた》を落として帰っていく姿や、その後、しばらくして左遷《させん》

されたりリストラに遭《あ》ったりする姿、さらには、一年後、おでん屋を始めた姿などまで見えてきます。

競争に勝ったあとのことは、その人とは会っていないので知らなかったわけですが、「自分は『勝った』と思っていたけれども、その後、あの人は、こんなことになってしまったのか」「それが原因で、奥《おく》さんとけんかをして、こんな結果になってしまったのか」「それが原因で、子供が非行に走ってしまったのか」などということが分かるのです。

そのように、自分に関係があったことや自分がしたことによって、周りの人たちがどうなっていったかを見せられます。

臨死《りんし》体験として報告されているものによれば、「武器商人をしていた人が、自分としては、武器を売ったところまでの記憶しかないのに、『その後、その武器がどのように使われ、どのように人が死んでいき、死んだ人の家族が、どのように悲しみ、苦しんだか』ということを見せられた。家族が死体に泣きつくところや、葬式《そうしき》をしているところまで追体験させられた」という話もあります。

霊界では、そのようなことがあります。フラッシュバックのかたちで見る自分の過去が、この世の目で見る場合と違《ちが》う点は、「第三者の目で、その場面が見え、相手の気持ちが伝わってくる」ということと、「自分のしたことが、その後、どのように影響《えいきょう》していったかまで分かってくる」ということです。

こういうことを、死んで間もないころに、あの世で勉強させられます。それを一通り勉強し終わって、反省が終わらないと、霊界での行き先が決まらないのです。

例えば、「会社の同僚《どうりょう》が病気になって入院したときに、花束を持って、お見舞《みま》いに行った。しかし、それはかたちだけで、心のなかでは、『これでライバルが一人減った。ざまを見ろ』と思っていた」ということまで明らかになってしまいます。

このように、死後の世界では、過去の人生が非常にリアルに、ドラマ性のあるかたちで見えてくるのです。

自分で納得《なっとく》して、死後の行き先を決める

このとき、周りの人が陪審員《ばいしんいん》のようになり、それを見ているうちに、「この人は、この判定」という感じで、「マル」「三角」「バツ」と、だいた

い反応が出ます。「バツ、バツ」とか、「マル、マル」とか、「三角」とか、イメージ的に出てくるのです。

人生映画の上映中に、陪審員の雰囲気《ふんいき》が、「ああ、これはもう駄目《だめ》かな」「まあまあだったかな」「おお、意外に優《すぐ》れものではないか」など、いろいろ出てきて、本人も自分でだんだん分かってきます。

一通り、過去を見て、自分の行き場を決めます。「この結果から見たら、少しは地獄も要《い》るかな」ということであれば、「しかたがない。今すぐ地獄へ行きます」という感じになります。「三年ぐらい行ってきます」「十年ぐらいは、しかたがないでしょうか」「一週間で勘弁《かんべん》してください」など、その後のコースが、これで分かれるのです。本人も納得《なっとく》して、行き先が分かれていきます。

自《みず》らの「心のなかの思い」に応じた霊界《れいかい》に還《かえ》る

このように、あの世の世界というのは、その人の生前の人生すべてが、あの世のどこへ行くかをストレートに決めるのです。ですから、これは完全に自己責任の原則なのです。この世に生まれたら、もちろん環境《かんきょう》とかいろいろなことがあるでしょうが、結局は、人間それぞれが小さな神のようなものであり、自分の判断で、人生を主体的に選んでいけるようになっているのです。自分の判断で選べるからこそ、そのような自己責任の原則が出てきて、来世《らいせ》の天国と地獄というものも現れてくるのです。これをよく知ってください。

ですから、来世、もし苦しい環境が出てきたとしたら、これを決して仏《ぶっ》神《しん》のせいや、自分の家庭環境のせいや、教育環境のせいや、お金の問題や、友人・知人、会社の同僚などの責任にしてはなりません。「これは自己責任の原則によるのだ」ということを、まず受け止めることが出発点なのです。「自己責任だ」と受け止めたあと、「いったい何がいけなかったのか」を自分に問うことが次のステップなのです。

このように、あの世の世界では、徹底的《てってい》に「自分とは何か」ということを見せつけられます。「それを少し早めにしましょう」というのが、こういう宗教の流れなのです。「ほんとうはあの世ですることですが、あらかじめ予習しておきましょう。そうするとだいぶ修行《しゅぎょう》が進みますよ」というのが、宗教の世界であるわけです。

第1章　人はこうして、あの世へ旅立つ

共産主義・唯物論《ゆいぶつろん》を広めたマルクスとの対話

―『マルクス・毛沢東のスピリチュアル・メッセージ』より

マルクスの意識は一八〇〇年代で止まっている

質問者　あなたは一八八三年にすでに死んでいます。

マルクス　その言い方は、よく分からんなあ。「死ぬ」とは、どういうことだ。

質問者　「死ぬ」とは、「魂《たましい》になる」ということです。心だけになることです。

マルクス　そんなもの迷信《めいしん》だよ、君。何を言ってる。

質問者　今の時代は二〇一〇年……。

マルクス　嘘《うそ》つきだあ。おまえ、人を騙《だま》すんじゃない。人を騙すんじゃない。そ

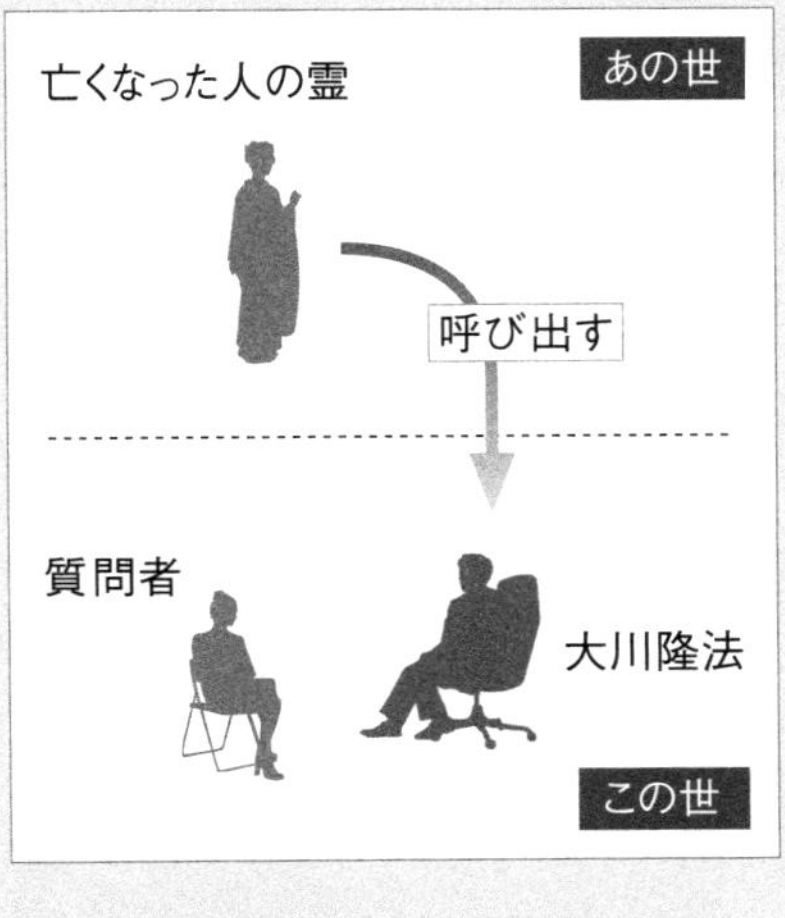

※**霊言**　あの世の霊存在の言葉を語り下ろすこと。高度な悟りを開いた者に特有の現象で、「霊《れい》媒《ばい》現象」（トランス状態になって意識を失い、霊が一方的にしゃべる現象）とは異なる。外国人霊の霊言の場合には、霊言現象を行う者の言語中枢から、必要な言葉を選び出し、日本語で語ることも可能である。

んなばかなこと言うな！　今は一八〇〇年代だ。

マルクスの墓《はか》の写真を本人の霊《れい》に見せる

質問者　あなたは、ロンドンの自宅で、肘掛《ひじか》け椅子《いす》に座したまま、亡《な》くなりました。六十五歳《さい》でした。

マルクス　えっ？　なんと。悪い冗談《じょうだん》だなあ。

質問者　そして、あなたの葬儀《そうぎ》は、あなたの家族と、エンゲルスなどのごく親しい友人、計十一人で執《と》り行われました。（写真を示して）これが、あなたのお墓《はか》です。

マルクス　君、悪い冗談だね。冗談きついよお！　そんなばかなことはない。わしはしゃべっとるじゃないか！　なんで死んでるわけ？

「死んだら終わりだ」と思っていたので、死後の世界を見たくなかった

質問者　人間は亡くなったあと、本来いた、あの世に還《かえ》るのです。これが真実の世界です。これを認めなかった人は天国に還れない

のです。

マルクス　ふーん。まあ、よくは分からないけれども、わしゃ死んだら、もう何もかもなくなると思っておったので、死後の世界があるということは、まずいんだよ。うん。まずいから、見たくなかったのかなあ。うーん。見たくないから寝《ね》てたのか。

質問者　あなたは、「肉体が自分だ」と思っていませんでしたか。

マルクス　まあ、そうだ。そうじゃないか。何、言ってるの？

質問者　だから、「人間は死んだら何もなくなる」と思っていませんでしたか。

マルクス　それは、そうだろうよ。それが唯物論《ゆいぶつろん》じゃないか。何、言ってるんだ（注。マルクスは死後、無意識界という地獄に堕ちて隔離されているため、自分が死んでいることにも気づいていない）。

第2章

「心の洗濯《せんたく》」がほんとうの終活《しゅうかつ》

1　生前に心を洗う「反省」のすすめ

あなたの心のなかの汚《きたな》いもの、大丈夫《だいじょうぶ》？

私は、幸福の科学の基本的な教えである「●四正道《よんしょうどう》」の三番目として、「反省の教え」を説いています。

人間というのは、基本的に間違《まちが》いやすいものです。その間違いは、仏法《ぶっぽう》真理《しんり》を知らないために、あるいは、仏法真理に未熟なために起きることでもあります。

●四正道　幸福の科学の基本教義。「愛・知・反省・発展」の教え。人間が幸福になるための四つの道（幸福の原理）であり、これを指針に生きれば、死後は必ず天上界に還ることができる。『幸福の法』（幸福の科学出版刊）等参照。

ただ、仏は慈悲《じひ》として、間違いを犯《おか》しても、それを、「反省」という行《こう》為《い》によって正すことができるようにしてくれているのです。「人生に消しゴムあり」「間違ったら、消しゴムで消して、正しいものに入れ替《か》えなさい」ということです。

例えば、仏法真理から見て間違った言葉を語ったり、間違った行動をしたりして、間違った過去を背負っている人でも、それを消すための〝消しゴム〟が与《あた》えられています。それが「反省」という作業です。

反省によって、自《みずか》らの罪が許されると、真っ暗になっている心、真っ黒の心、天国の光が射《さ》さない心に光が射して、明るく輝《かがや》き、天使たちも喜ぶような姿になっていきます。

これは、万人《ばんにん》に与えられた力であり、この点において、私は、「仏性《ぶっしょう》平等」と言っているのです。

心の曇《くも》りを落とすと涙《なみだ》が流れる

したがって、毎日、反省というものをきっちりとすることです。夜寝《ね》る前に、今日一日のことを振《ふ》り返って反省する。今日一日、例えば人に対して、厳しい念《おも》いを出さなかったか。厳しい言葉を言わなかったか。悪口を言わなかったか。嘘《うそ》はつかなかったか。人を仲違《なかたが》いさせるようなことはしなかったか。

また、当然ながら、自分を堕落《だらく》させるようなことはしなかったか。思いのなかにおいても、淫《みだ》らな思いを持たなかったかどうか。あるいは、世の人々を悪くさせるような方向の思想を持たなかったか。また、今日は人に親切にしただろうか。今日は仕事は熱心にしただろうか。純粋《じゅんすい》な気持ちだっただろうか。

対人関係、あるいは自分自身の心と行いにおいて、正しい生き方をしたかどうかということを、毎日きっちりと振り返って、三十分なり一時間なり反省していくと、次第《しだい》しだいにゴミやほこりが取れて、心が透明《とうめい》になってくるのです。こうした点検を毎日くり返してゆきます。

また、土曜や日曜のような、ゆっくりした休みのあるときには、一室にこもって、心穏《おだ》やかに、生まれてからこのかたのことを順番に振り返ってゆきます。

小さいころに、ご両親にいろいろと迷惑《めいわく》をかけたことなどを振り返ってみる。小学校時代、先生や友達に迷惑をかけたことはなかったかどうか。

それから、物心《ものごころ》ついてから後《のち》、わがままにいろいろなことをしなかったか。特に反抗期《はんこうき》のころのことなどを、よく反省するのです。

すると、何か失敗があったり、うまくいかなかったりしたことが思い出されるでしょう。その結果、心に歪《ゆが》みをつくらなかったか。心に歪みをつくって、世の中や、あるいは他人に対して、極《きわ》めてバイアス（偏見）の掛《か》かったものの見方をしていないか。また、自分を守るために人をくさしたり、けなしたりしなかったかどうか。そのようなことをずーっと振り返ってみることです。

こうしたことをくり返して反省していると、次第しだいに心が透明になってきます。そして反省が進みますと、はらはらと涙《なみだ》を流すようなことがよくあります。ちょうど、曇《くも》ったガラスに雨が当たって、そのガラスに付いていた土ぼこりが流れ去るように、こうした反省の涙を流しますと、少しずつ少しずつ心の曇りというのが取れてくるのです。

このようにして、心が透明になってくると、神の光が射してきます。涙を流して反省してみると、胸のなかから熱いものがジーンと込《こ》み上げてきます。それは、温かい気持ちです。ほんとうに生まれて初めて味わうような、温かい気持ちというものが湧《わ》いてきます。

反省で悪霊《あくれい》を取るための習慣・ライフスタイル

そのときに、長年、自分に憑依《ひょうい》していた悪霊《あくれい》がパリッと取れるのを感じる人が、おそらくいるでしょう。

悪霊は霊体《れいたい》なので、重さがないように思うかもしれませんが、悪霊はやはり重いものです。霊体は重みがないといっても、霊的感覚としては重さがあります。

それが、五年、十年、二十年と、自分に憑《つ》いているのです。なかには、両親が持っていたものを引き継《つ》いで、幼少時代から背負っている場合もあります。

そのように、いつも憑いていたものが、反省をすると取れるのです。取れたときに、肩《かた》や腰《こし》や背中が、ふっと楽になります。急にスーッと軽くなって、「重荷が下りた」という感じがします。悪霊が取れると、ほんとうに軽くなり、頰《ほお》に赤みが射し、温かい光が胸にサーッと入ってきます。それは、十年もお風呂《ふろ》に入っていなかった人が、お風呂に入って垢《あか》を落としたような、そういうポカポカとした気分です。これは害のない霊体験なので、できれば、これを味わっていただきたいと思います。

そうしたことは、反省の最中に起きることもあれば、もちろん、私の書《しょ》籍《せき》を読んでいるときに起きることもあります。あるいは、幸福の科学の支部や精舎《しょうじゃ》などで修法《しゅうほう》を行《おこな》っているとき、禅定《ぜんじょう》や瞑想《めいそう》をしたり、祈《き》願《がん》をしたりしているときに、パカッと取れて、軽くなることもあります。

特に、家に幸福の科学の家庭御本尊《ごほんぞん》が入ったら、悪霊は、毎日、睨《にら》まれているのと同じになります。その人が、毎日、家庭御本尊の前で『仏説《ぶっせつ》・正心法語《しょうしんほうご》』（幸福の科学の根本経典）を唱えると、悪霊のほうは、説教をされているような感じがして、たまったものではないのです。「この人は、これを永遠に続けるのかな。死ぬまで続ける気かな。それなら、付き合いは、もうほどほどにしたい」というのが悪霊の本音です。

そういう意味で、宗教においては修行《しゅぎょう》の習慣化が大事であり、たまに行うだけでは駄目《だめ》なのです。

その人が、毎日、朝晩、御本尊の前で『仏説・正心法語』を唱え、反省や祈《いの》りをしていると、光が出てくるので、悪霊にとっては、辛《つら》いのです。これは、毎日毎日、説教をされているのと同じであり、やがて離《はな》れていかざるをえなくなります。どこかの転機において、パカッと外れます。

これは、目には見えない仕事ですが、こういう仕事を、私は全国で、毎日毎日、一年中やっているのです。三百六十五日、私は休むときはありません。一年中、ずっと光を出し続けています。仏の世界は年中無休であり、休むことなく、ずっと戦っているのです。

高齢《こうれい》からでも、遅《おそ》くはない

幸福の科学の信者や、これから信者になる人で、人生の比較《ひかく》的早い時期に当会にたどり着いた人は、おそらく罪は少ないでしょう。

しかし、人生の遅《おそ》い時期に当会にたどり着いた人は、それまでの人生において、いろいろなことがあったでしょう。六十歳《さい》、七十歳、八十歳でたどり着く人もいますし、なかには九十歳を過ぎてからたどり着く人だっています。そういう人には、過去、いろいろなことがあったと思います。

本人はあまり言わないでしょうが、「第二次世界大戦で、けっこう人を殺した」という人もいるでしょう。それを家族にも言っていないかもしれません。「出征《しゅっせい》して、かなり人を殺した」ということは、言いたくはないでしょう。

そのため、黙《だま》って、じっと十字架《じゅうじか》に耐《た》えているという人は、いるのではないでしょうか。

こういう人が、晩年、私が説いている仏法真理に出合ったとします。そのとき、その人を救う力がまったくないのであれば、仏法真理そのものに力がないのと同じです。これは、二千年、三千年に一回説かれる大法《たいほう》、大きな法です。これに救済の力がまったくなく、それがただの活字でしかないのであれば、意味がないのです。

したがって、そういう人であっても、仏法真理にたどり着いて三帰誓願《さんきせいがん》をし、反省行《ぎょう》をして、ほかの会員と一緒《いっしょ》に、五年、十年、きちんと、まじめに修行したならば、おそらく、来世《らいせ》の地獄《じごく》の三百年分や五百年分ぐらいの〝借金〟は返せると思ってよいのです。

また、「当会にたどり着いて、すぐに死んでしまった」という場合でも、来世での修行の進み具合は速いだろうと思います。

当会で、五年、十年と、きちんと修行したならば、過去何十年かの間に犯した大きな罪も、少しずつ少しずつ消えていきます。持ち越《こ》しがあれば、それはあの世に残りますが、それでも、たどり着かなかったよりは、ずっと楽な所に行きます。

また、子孫たちにも、この真理の灯《ひ》がともされたならば、相乗効果で、ぐっと早く、救いの世界に入れることでしょう。あの世で本人が修行し、この世の人もそれを応援《おうえん》しているというスタイルであれば、予想より、ずっと早く天上界《てんじょうかい》に上がれると思います。おそらく、死んで何年かぐらいで、天上界に上がれることになるのではないかと思います。

「粘着型《ねんちゃく》の性格」を克服《こくふく》する

ただ、物事をしつこく考える「粘着型《ねんちゃく》の性格」の人は、こだわりすぎるきらいがあるので、反省に入る前に、もっとあっさりした性格になる必要があります。

こうしたタイプの人は、死後数百年経《た》っても、あるいは千年二千年経っても、同じことを言っています。生前の自分が他人から受けた悪意や危害、不幸などについて、五百年も千年もしつこく言い続けているのです。

自分の性格を見て粘着型だと思うならば、そうした世界に行きやすいタイプであることを覚えておいてください。しつこくて恨《うら》みがましいタイプというのは、はっきり言えば、〝化《ば》けて出る〟タイプなのです。

したがって、「もっとあっさりしよう。さばけた目で見よう」という努力をしてみてください。一年ぐらい努力すると、わりと簡単に、さばさばとしたものの見方ができるようになります。

これだけでも、地獄に行かずに済む可能性がかなり高くなります。

そして、自分が間違ったときには、さばさばとした気持ちで、「すみませんでした。私の間違いでした。以後、気をつけます。今後はこのようにします」と言ってしまえば、ほんの数秒で終わることなのです。

それができないために、苦しみを一年も二年も引きずり、生きているときだけではなく、あの世に還《かえ》ってまで苦しむ人がいます。しかも、自分一人が苦しんでいるだけでは納得《なっとく》がいかず、仲間を増やそうとして、自分の考えに賛同する人を引き込み、さらには、あの世の人だけでは足りずに、この世の人まで引きずり込みます。こうした人が大勢いるのです。

これが悪魔《あくま》の起源です。自分一人だけが傷つくのは嫌《いや》なので仲間を増やし、自己を合理化しようとする気持ちは、天国と地獄が分かれ、悪魔たちが出現し、彼らが徒党を組んで活動し始める原因なのです。

したがって、自分にも同じような傾向《けいこう》があると思ったならば、そうした習性をよく注意して見ておくことです。

2　信仰心《しんこうしん》が来世《らいせ》の行き先を決める

天上界《てんじょうかい》に上がるには信仰が必要

実は、天国にも段階があります。まるで学校の偏差値《へんさち》のようですが、天国も〝偏差値〟が五ポイントずつぐらいで輪切りになっているのです。偏差値というものが何を表しているかというと、この世においては学力ですが、あの世においては信仰《しんこう》です。霊界《れいかい》は、完全に、信仰の偏差値による輪切りの世界になっています。

そして、地獄界《じごくかい》は、基本的に信仰心がない人たちの世界です。そこには、神も仏も信じていない人たちや、生前、宗教心があるように装《よそお》っていたけれども、実は偽善者《ぎぜんしゃ》で、ほんとうは信じていなかった人たちがいます。「日曜日ごとに教会へ行っていたけれども、ほんとうは全然信じていなかった。建前や体面のためだけに教会へ行っていた」というような人たちも地獄界に行っています。

天上界《てんじょうかい》に上がるには、まず信仰が必要

あの世は、各人の信仰心や心境の高さに応じて住む世界が分かれており、四次元幽界から九次元宇宙界まである。地獄界は、四次元のごく一部に存在している。『永遠の法』（幸福の科学出版刊）等参照。

です。信仰とは仏や神を信じる心です。とりあえず、「人間は霊的存在である。霊界こそが、ほんとうの世界であり、地上は仮の世界である」ということを信じなければ、天国に入れないのです。

宗教別に行われる、あの世のガイダンス

それから、亡《な》くなった人に対する、あの世での導きの仕事は、多くの場合、宗教関係者が行《おこな》っています。その意味でも、どこかの宗教に所属しておいたほうがよいのです。

どこかの宗教に分類されていないと、その人が亡くなったときに、霊界のほうでも、誰《だれ》が世話をしに行ったらよいかが分かりません。その意味では、ある程度、宗派《しゅうは》等があるのはよいことなのです。そうでないと、誰が

世話をするのかがはっきりせず、あの世で揉《も》めることになります。何らかの宗派に属していると、その宗派の関係者がやってきて、責任を持って世話をしてくれるので、あとが実にスムーズに進むのです。

その人がキリスト教の信者であれば、キリスト教関係の天使系の人が来て、導いてくれます。そして、三途《さんず》の川を渡《わた》ったあとの行き先は、当然、教会です。

仏教系の人であれば、お寺に行くこともあります。あの世には、お寺もありますし、神社もあります。

そのように、各人の属している宗教の施設《しせつ》に集められて、まず、あの世のガイダンスを受けるのです。

「正心法語《しょうしんほうご》」を拠《よ》りどころにすれば、天国に還《かえ》れる

幸福の科学へは布教所《ふきょうじょ》でも入会できるため、入会して、『入会版「正心《しょうしん》法語《ほうご》」』を頂き、会員としての自覚を持つ人は、近年、とても増えています。

そして、「真理の言葉『正心法語』」と「主への祈り《いの》」「守護《しゅご》・指導霊への祈り」が入っている『入会版「正心法語」』を拠《よ》りどころにして生活している人に対しては、私からの〝お約束〟があります。

「かたちだけ、名前だけの会員です」というような人については何とも言えませんが、きちんと幸福の科学を理解し、当会に賛同する気持ちがあり、ある程度、信仰心があって会員になっている人に対しては、「亡くな

ったあと、あの世の天国、天上界に、絶対にお還《かえ》しいたします」と言うだけの気持ちを、私は持っているのです。

したがって、「幸福の科学の会員になっていれば、死後、地獄に堕《お》ちることは、まずありません」ということを、はっきりと言っておきます。

ほかの宗教では、死後、どうなるか、私は知りません。いろいろだと思います。天国に行く人もいれば、地獄に行く人もいます。もちろん、信仰心のまったくない人は、天国に行けないことのほうが多いでしょう。信仰心を持っている人は、天国に行く可能性が高いとは思いますが、宗教によって、いろいろな場合があるので、選んだ宗教による影響《えいきょう》があると思います。

ただ、当会の会員としての自覚を持って生活している人は、原則として天国に行けるはずです。それについて、当会は、ある程度の責任を負っています。幸福の科学の指導霊団も、会員の人たちをきちんと守護・指導するつもりでいます。

リーディングコラム

生前に信仰《しんこう》を持っていると、救いが早くなる

――『恐怖体験リーディング』より

二〇一三年、宮城県《みやぎ》石巻市《いしのまき》にある幸福の科学の支部で、心霊《しんれい》現象が起きた。深夜二時に玄関《げんかん》でノック音がしたが、外には誰《だれ》もおらず、部屋に戻《もど》ると床《ゆか》に「濡《ぬ》れた足跡《あしあと》」が残っていたという。この現象を起こした霊存在に対して、リーディングを試みた。

東日本大震災《だいしんさい》で亡《な》くなった霊《れい》

大川隆法　大震災《だいしんさい》から二年後の二〇一三年に、石巻の支部におい
て現れたる者よ。どうぞ、その姿を現したまえ。

（約二十秒間の沈黙）

（霊視している霊存在に呼びかけて）あなたは誰ですか。

（約五秒間の沈黙）

※リーディング　時間と空間を超えて、特定の対象者や場所の状況を透視したり、その心のなかを読み取ったりすること。高度な悟りを得た人に特有の六神通《ろくじんずう》（霊能力）を駆使して行われる。『心霊現象リーディング』『神秘現象リーディング』（共に幸福の科学出版刊）等参照。

髪《かみ》が乱れて濡れていて、こう……、うーん。寝間着《ねまき》か浴衣《ゆかた》かは分からないけれども、グショッと濡れた一枚の布を引きずっている感じです。

あなたはどなた？　現代に亡《な》くなった方ですか。それとも、もっと昔に亡くなった方ですか。

……現代。「現代だ」と言っていますね。うーん……。現代の方……。

では、東日本大震災で亡くなった方ですか？

……「そうだ」と言っていますね。

では、津波《つなみ》ですか？

……そうですね。「津波」らしいです。

霊《れい》は「突然《とつぜん》の死」に対する説明と導きを求めている

大川隆法　急に亡くなったのでしょうから、ほんとうは、もう少し説明が欲《ほ》しかったのでしょうね。

今は救われているのですか。どうですか？

（霊査《れいさ》して）……まだ救われていませんね。まだ救われてはいないです。

うーん、特別な信仰《しんこう》を持っていなかったのかもしれませんね。

信仰心らしきものは、うっすらとはあるけれども、「どこの宗教が」というほどまではなく、また、幸福の科学の信者ではなかったために、それ以上、強く頼《たの》めるような立場にはなかったということなのでしょうか。

そのあたりの後悔《こうかい》は少しあるようですね。

何か（宗教に）所属していれば、もう少しキチッとした救いが来たかもしれないのに、強く頼めないわけです。「義理がない」というか……。

質問者　あ！　生前、（幸福の科学と）縁《えん》が薄《うす》かったために、もう一歩、霊的《れいてき》なつながりが持てなかったということですか。

大川隆法 「支部の信者さんの知っている人が亡くなった」などということであれば、居座《いすわ》って、「ちゃんと供養《くよう》してくれ」と言えるけれども、そうしたことを言えるほどの「義理がなかった」わけです。

ただ、そういう現象が起きたことによって、支部としては、供養などをしっかりやらなければいけないという気持ちが起きたことは事実でしょうから、それ自体はよろしいとは思います。

第3章

幸福で健康な長寿《ちょうじゅ》になる
エイジレス生活法

1 人生百二十年計画を立てて、完全燃焼する

タイムリミットは五十五歳《さい》、お返しの人生を歩む

それでは、中高年以降の生き方や心構えについてお話ししようと思います。

五十五歳《さい》を過ぎれば、それからはお返しの人生です。それまでに受けたものが多かろうが少なかろうが、もはや、そこで一つの打ち切りであり、

タイムリミットなのです。それを知ることが大切です。

五十五歳を過ぎてからは、「人様《ひとさま》から頂こう」「成功して人様に評価されよう」などと思ってはなりません。もう完全にお返しの人生です。

死後に天国に行くとすれば、天国に行くまでの間は、そのための税金を払《はら》って奉仕《ほうし》しなければいけないのです。これは税金なのです。天国に行くための税金として、残りの人生を奉仕のために生きなければいけません。

このときに、まだ「私《わたくし》」というものが残っている人、まだ「自分のための評価や結果を得たい」と思っているような人は、本物ではありません。

逆に、それは〝脱税《だつぜい》〟なのです。それは、地獄《じごく》へ行くためのコースであり、賄賂《わいろ》を渡《わた》して地獄へ行くことになるわけです。

壮年《そうねん》・高年層の人は、そう思っていただきたいのです。

五十五歳を過ぎてから、じたばたしてはなりません。あきらめなさい。腹をくくりなさい。これからは、もう人様への奉仕のために生きるのであり、奉仕の結果、「あなた、よくやったね」と言われて喜んでいては、「地獄への入場券が回ってきている」と思わなければいけないのです。

自分に返ってきてはいけない。自分に返ってくるように思ってはいけない。決して思ってはいけない。それでこそ、世の中に対する最後の大きな遺産が遺《のこ》せるのです。

九十歳《さい》でも百歳でも、人間には学ぶことがある

幸福の科学で勉強している人のなかには、「『長生きしたい』という気持ちは執着《しゅうちゃく》ではないか」と感じている人もいるかもしれません。当会には、

「諸行《しょぎょう》は無常《むじょう》である。この世にとらわれてはならない」という教えがあるため、人によっては、そういう戸惑《とまど》いもあるでしょう。

しかし、人間は、わざわざ、この世に生まれてくるのです。

生まれてくるのは、なかなか大変なことです。あの世からこの世に出てくるときには難しい手続きがありますし、母親のお腹《なか》に宿るのも大変です。しかも、生まれたときには、「過去、自分は何をしてきたか」という記憶《きおく》をすべて消し去られ、ただの赤ん坊《ぼう》になってしまうのです。

そういうリスクを冒《おか》して、わざわざ生まれてくるわけですが、それは、なぜかというと、この世に何らかの勉強材料があるからなのです。

したがって、「せっかく、生まれた以上、できるだけ多くのものを学んで、あの世に還《かえ》りたい」と思うこと自体は、執着であるとは思えません。

実際、お年を召《め》した方の話を聞いていると、どうやら、いくつになっても学ぶことがあるようです。

五十歳《さい》には五十歳の学びが、六十歳には六十歳の学びが、七十歳の学びが、八十歳には八十歳の学びがあり、「九十歳になったら、さすがに学ぶことはないか」と思ったら、「まだある」というのです。九十歳や百歳にならないと分からないことがあり、九十歳になっても、百歳になっても、学ぶことがあるらしいのです。

確かに、年を取らなければ分からないこともあるでしょう。「今世《こんぜ》を有意義ならしめる」という意味では、充実《じゅうじつ》した長寿《ちょうじゅ》を得ることはよいことであると思います。

いつも、「十年後への準備」を

お年寄りに対して特に述べておきたいのは、私の著書『常勝思考《じょうしょうしこう》』（幸福の科学出版刊）にも書きましたが、「人生は百二十年である」と思っていただきたいということです。

実際に百二十歳まで生きる人は少ないでしょうが、「人生、百二十年」と思って生きると、愚痴《ぐち》や不平不満が消えていきます。そして、その途中《とちゅう》の八十歳や九十歳で亡《な》くなったとしても、素晴《すば》らしい人生なのです。

年を取ると、「人生が残り少ない」という不満を言いがちですが、それを言ったところで、人生はよくなりません。むしろ、人生を百二十年と思って、残りの人生を生きることです。

「百二十歳まで生きる」と考えれば、たいていの人は人生がまだ何十年もあります。例えば六十歳の人であれば、まだ六十年も残っているのです。そう考えると、これから何をなさねばならないかが逆算できます。「これから六十年も生きるのならば、こんなところで愚痴を言ってはいられない。自分がやらねばならないことは、たくさんある。これもやらなければいけないし、あれもやらなければいけない」と、今後の計画が立ってきます。そのなかで生きていくのです。

そして、見事に燃焼しながら生きているうちに、あるとき、あの世から〝お迎《むか》え〟が来るでしょう。そのときには、周りの人たちに見送られながら、にっこりと笑って、きれいに地上を去っていくのがよいのです。

これが、地上を去ったあとの幸福に必ずつながっていきます。

そのためには、その時期が来る十年ぐらい前から準備を始め、違《ちが》った人生を設計しておくことが必要です。「七十歳になったら、このように生きるぞ」と思い、その準備を六十歳から始めておくのです。あるいは、「八十歳からは、こう生きるぞ」と考え、七十歳から準備しておくのです。

こういう準備をしていくうちに、建設的、積極的な心構えになってきます。

生涯現役《しょうがいげんえき》の人・伊能忠敬《いのうただたか》から学ぶ

さて、「第二の人生」の生き方で、みなさんの参考になるような人物としては、伊能忠敬《いのうただたか》という人が挙げられます。この人は、「全国を歩いて測量し、日本地図（大日本沿海輿地全図《えんかいよちぜんず》）をつくった人物」として有名です。

伊能忠敬は、測量の仕事をするに当たり、数え年で五十一歳のときに勉強を開始しました。

当時は、平均寿命が四十歳ぐらいだった時代です。そのような時代に、忠敬は、五十一歳にして、自分よりずっと年下の先生に入門し、天文学や測量術、数学的な計算などを勉強したわけです。そのことに対し、周りの人はあきれ返っていたようです。

さらに、忠敬が日本全国の測量を開始したのは五十六歳のときです。その年齢《ねんれい》は、まさしく、幸福の科学の「百歳まで生きる会」（満五十五

「伊能忠敬記念公園」に建つ忠敬像（千葉県山武《さんぶ》郡九十九里町）。

歳以上の信者を対象とした集い）のスタート点でもあります。忠敬は、五十六歳で測量を開始し、七十二歳までの二十年近くの間に全国をくまなく歩いて、日本地図を作成したのです。

忠敬が日本全国を歩いて測量をする過程では、困難なことも数多く起きています。例えば、測量の途中で、忠敬は五回ほど病気を経験しています。特に、山陰《さんいん》地方を測量したときには、死にかけたほどの大きな病気になりました。しかし、そのようなことは言い訳にせず、自分の志《こころざし》を成し遂《と》げたのです。

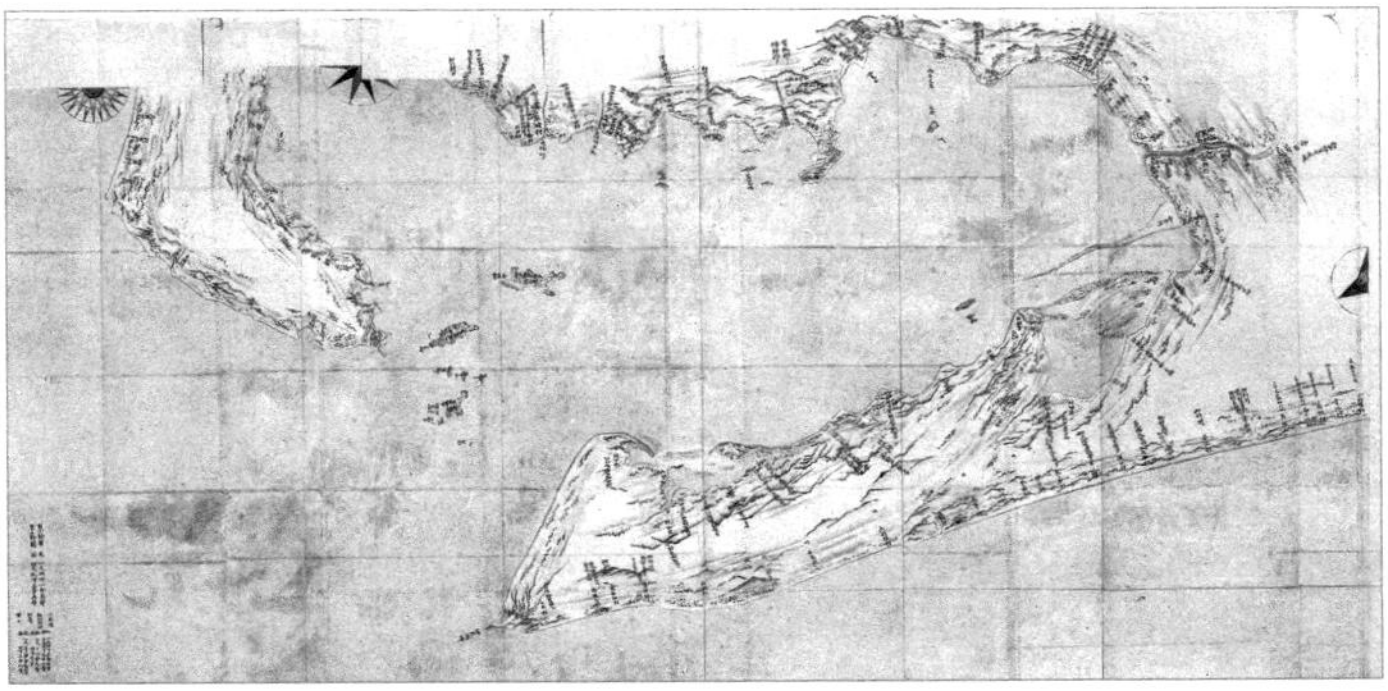

「大日本沿海輿地全図　大図　渥美半島付近」（伊能忠敬記念館所蔵）

平均寿命が四十歳だった時代に、五十六歳から測量を始め、日本地図づくりの仕事を成し遂げたことは、ほんとうに大したものです。

「年を取ってから打ち込《こ》めるもの」を見つけ出す

これは、年配の方にとって、見逃《みのが》せないエピソードです。すなわち、「人間は、年齢によって、能力が止まってしまうわけでもないし、行動力がなくなってしまうわけでもない」ということです。

「生物学的に見て、人間は、本来、百二十歳まで生きられるようにできている」という説が強いのですが、普通《ふつう》は、その前に〝自己都合《つごう》〟で亡くなるようです。それは、先ほど述べたように、「自分は、仕事もないし、病気だし、お邪魔《じゃま》だし、早く死ななくてはならない」といった否定的な思いが出てきて、〝死に急ぐ人〟が多いからです。

したがって、「年を取ってから打ち込《こ》めるもの」をつくり出すか、それを見つけることです。要するに、何か打ち込んだり、熱中したり、夢中になったりできるようなものを持つことが大事なのです。

また、今までの自分の人生のなかで、「かつては関心を持っていたが、結局、やりそこねた」というようなものは数多くあるはずです。そこで、「ああ、あれをやりそこねていたな」というものを思い出し、もう一度、それに取り組んでみればよいのです。

2 明るく、若々しく、健康に

長寿者《ちょうじゅしゃ》は楽天主義――怒《いか》りは毒素がたまる

「実際に長生きしている人たちは、どういう傾向性《けいこう》を持っているか」「どういう生き方をしているか」ということを見ていけば、ある程度、共通項《こう》が出てきます。

まず一番目に、「楽天的である」ということが挙げられます。やはり楽天家が多いのです。

この「楽天的である」ということの意味を考えてみたいのですが、これは必ずしも「積極的である」ということではありません。

というのも、積極思考を持っている現代ビジネスマンのなかには、頑張《がんば》りすぎて過労死するような人も大勢いるからです。行動的にがむしゃらに働くのはよいのですが、強いストレスを感じて、燃え尽《つ》きたり、早死にしたりする人も大勢います。積極思考と楽天主義は、必ずしも同じではないのです。

楽天主義は、もう少しこだわらない生き方です。基本的には、明るく肯《こう》定《てい》的な人生観ですが、競争主義や戦いにどっぷり浸《つ》かる生き方でもなく、また、無理をして体を鍛《きた》えまくる生き方でもないのです。

それから、「怒《おこ》らない」ということが大事です。いつもカッカカッカと怒っている人は、寿命《じゅみょう》を縮めているのと同じです。怒ると、非常に強い毒素が体内にたまるため、怒ってばかりいる人は、神経系統や内臓系統が傷《いた》んでくるのです。

依存心《いぞんしん》のない人ほど、孤独《こどく》にならない

物事には、明るい面と暗い面がありますが、「明るい面を見て、暗い面を見ない」という傾向の強いタイプのほうが、長命で健康であることが多いのです。また、物事にこだわらず、くよくよせず、さっぱりしたタイプの人のほうが、病気をせずに長く生きられるケースが多いようです。

さらに、他人に対する依存心《いぞんしん》の少ない人のほうが、かえって人間関係はうまくいくことが多いのです。

年を取っていても、「自立して生きていこう」という気持ちを持っていると、親子関係やきょうだい関係、夫婦《ふうふ》関係において、うまくいくことが多いのですが、逆に、誰《だれ》かに依存しないと存在できないような生き方をしていると、厳しい結果になることもあります。

「良好な人間関係は、独立した個人の間にこそ築きやすいものである」ということを知っていただきたいと思います。

「三十歳《さい》年下の人」と友達になると、エイジレス化する

私は、三十代から二十代、十代の人とも、できるだけ話をしています。頭が古くならないように、若さを失わないように、彼らの考え方が分かるように、話をするようにしているのです。

ところが、私の周りにいる同世代の人を見ると、だいたい、年齢《ねんれい》が五歳違《さいちが》うと話が合わなくなる傾向があります。こういう人は、会社人間的な、年功序列で生きている人々です。年齢差五歳ぐらいまでしか話の幅《はば》がなく、それを過ぎると話が合わないというか、気分が悪くて、話ができないような人が多いのです。

これについては、私は以前から、「この壁《かべ》を破らないと駄目《だめ》ですよ。三十歳ぐらい下の人と友達になりなさいよ」と言っています。

もちろん、三十歳年下に限らず、四十歳でも五十歳でも構いません。そういう人たちと交流できる、要するに、話の交換《こうかん》ができるということは、頭を活性化させるためには非常によいことなのです。

若い人たちに、いろいろと訊《き》いたらいいのです。今、流行《はや》っていることや、どんなことを考えているのかなど、彼らの考え方を訊けば、いくらでも答えてくれます。こちらが一方的に話していると、何も言ってくれませんけれども、訊けば答えてくれるので、「若返り」としては、やはり、そういうところが大事でしょう。

健康維持《いじ》は結局、「歩くこと」に帰着する

長寿を得る方法として、「体の鍛錬《たんれん》を怠《おこた》らない」ということも挙げておきたいと思います。やはり、年を取っても、きちんと体の手入れをし、体づくりを怠らなかった人は、ボケずに、病床《びょうしょう》にもつかずに、長生きしているのです。無理をしすぎてはいけませんが、体力の維持《いじ》は常に考えたほうがよいと思います。

このことは、経験上、よく分かります。例えば、年を取っても、足の達者な人が大勢いて、私が歩き始めのころ、公園などを散歩していると、どんどん追い抜《ぬ》かれることがありました。毎日歩き続けているので、足が強いのでしょう。とてもかなわないような人もいます。七十歳になっても八十歳になっても、足が強く、若い人をどんどん抜いていくような人が大勢いるのです。

長寿の人の場合、それぞれ自分に合った運動をしているわけですが、その共通項としては、最終的に、「歩く」ということに帰着するようです。つまり、「最もよいのは、歩くことである」ということです。

年を取ると足から弱ってきます。また、足は頭と関連しているので、足を使うことによって、脳の活性化が起き、頭がボケなくなります。その意味で、最後は、歩くことが大事になるわけです。

「スポーツだ何だ」となると、だんだん、やりにくくなりますし、一緒《いっしょ》にできる仲間もいなくなっていくかもしれませんが、歩くだけであれば、一人でもできます。

まめに歩いている人は、なかなか年を取らないのです。

人生は七十五歳《さい》からが本番

――「日野原重明の霊言」より

百五歳で帰《き》天《てん》したのは〝早世《そうせい》〟だった?

質問者　日《ひ》野《の》原《はら》先生は、百五歳《さい》でご帰天《きてん》なされ、大往生《だいおうじょう》を遂《と》げられました。現在のご心境、お気持ちについて、お聞かせいただけますでしょうか。

日野原重明　いやあ、「百五じゃ、ちょっと足りんかったかな」という気もするんだよなあ。まだ頭はしっかりしとるから、もうちょっと体がもってくれれば、百二十ぐらいまでは行けるような気はしたんだがなあ。

（新老人と言われる）七十五なんていうのは、わしより三十も下だから。ほんとうに、子供の世代だからねえ。まだ子供だよね、七十五なんていうのは。「それから、あと、大人になるまで、まだ三十年かかるんだ」っていうことを知らなきゃいかんわなあ。

だから、自分の成長をねえ、勝手に〝短期目標〟でしちゃいけないんだ。七十五から人生は始まるようなもんだから。「六十歳で定年」なんて思っとるような人は、もうそれは、生まれる前に三カ月で堕《お》ろされた赤ん坊《ぼう》みたいなもんでねえ。何にもやっとらんようなもんです。〝これから〟が、本当なんですよ。本番は、それからあとなんです。

今からでも遅《おそ》くない！　新しいことをやってみよう

質問者　ご生前は、いろいろなことに関心を持って、チャレンジしていらっしゃったと思うのですが、そのなかで、どういったことを学んでいらっしゃったのでしょうか。

日野原重明　頭のよさには、生まれつきいいと思われるような、二十歳《はたち》前後までで測られる頭のよさもあるし、それが職業選択《せんたく》にも大きく影響《えいきょう》するだろうけども、もう一つは、「生涯現役《しょうがいげんえき》人生を生きるに当たっての頭のよさ」っていうのもある。

これは、常に、感覚を磨《みが》いて、新しいニュースや新しい情報、新しい知識、新しい行動等をやってみるということだね。

簡単に言えば、休みの日に、旅行する気持ちがあれば、日本地図を見て、「自分が行ったことのないところは、どこかいなあ？ ここと、ここと、ここの県は行ったことないな」と思ったら、「じゃあ、次は行ってみようか」と。「青森県には行ったことないな。じゃあ、青森旅行を一回してみようか」と。そのときに、青森について書いた本とか、観光ガイドとか、歴史とかをいろいろ見たら、新しい知識が入ってくるよな。そういうことが大事で。のんべんだらりと日を過ごさないで、常に新しい刺激《しげき》を求めることは大事。

年を取ったら、「好奇心《こうきしん》」を持つことや「多動性」であることは、決して悪いことではないと思うなあ。そうしないと、頭が劣《れっ》化《か》していくよ。

第4章

病気になったときの心の調《ととの》え方

1 信仰心《しんこうしん》を持って、悲観論を寄せつけない

病気を治す根本《こんぽん》は信仰心にある

老後のことを考えると、病気に関する不安も出てくるでしょう。

病気対策について、病院で行《おこな》っていることに宗教があまり口を出すと、〝営業妨害《ぼうがい》〟になるので差し控《ひか》えますが、ほんとうは、宗教でも病気をかなり治すことができるのです。

その根本《こんぽん》にあるのは信仰心《しんこうしん》です。信仰心をきちんと立て、真理に則《のっと》った生活を実践《じっせん》し、〝光〟が強くなってくると、自分の病気も治せますし、他人《ひと》の病気も、ある程度、治せるようになるのです。特に、悪霊《あくれい》の憑依《ひょうい》が原因になっている病気は治しやすいと言えます。

医者が語る〝不幸の予言〟に注意

また、医者には悲観論者が多いので、その点は気をつけたほうがよいと思います。医者は、仕事上、毎日、病人ばかりを相手にしており、病気が悪くなるところや病人が死んでいくところを数多く見ているため、自然に悲観的になってくるのです。

「この病気は治らない」「あなたは死ぬかもしれない」「一生、この薬を飲み続けなさい」など、医者は、悪いことをよく言うので、ある程度、医者の〝不幸の予言〟に耐《た》える力を持つ必要があります。「人間には回復する力があるのだから、そんな悪い予言は当たらない」と、心にしっかりと思っていることです。

もちろん、病気のときには、病院へ行ったり薬を飲んだりしてもよいのですが、医者は人が死ぬ姿をたくさん見て悲観論者になっていることが多いので、その点には注意が必要です。

医者は、最悪のことを言っておけば、実際にはそれよりもよくなる場合が多いので、安心できるわけです。

例えば、余命が六カ月ぐらいの人に対して、「三カ月ぐらいです」と言っておけば、それよりも寿命《じゅみょう》が延びる分には問題はありません。ところが、

「一年は生きるでしょう」と言って、もし半年で死んだりしたら、家族や周りの人たちががっかりします。そのため、職業上、悪いことを言う癖《くせ》がどうしてもついてしまうのです。

したがって、医者の言うことをあまりまともに受け止めると、暗示にかかって、さらに悪くなることがあるので、ある程度、割り引いて聞いたほうがよいでしょう。また、「医者の予想に反して回復する」ということも数多くあるので、回復する可能性を信じたほうがよいと思います。

健康になるためには、積極的で明るい想念《そうねん》を持って生きることが非常に大事なのです。

2 ガン、血管系、認知症《にんちしょう》
——病気をよくするための心と生活の習慣

感謝を口に出して言える人は病気にとてもなりにくい

では、病気をしたくなければ、どうしたらよいでしょうか。

ごく簡単に述べるならば、病気をしたくなかったら、まず感謝をしてください。「ありがたい」「ありがとう」という言葉を出すような生活をしてください。

「ありがたいですね」「ありがとうございます」というような感謝の心を口に出して言えるような人は、病気にとてもなりにくいのです。なぜなら、そういう人には、人を責めたり、憎《にく》んだり、怒《いか》ったりする傾向《けいこう》が少ないからです。

一方、憎しみの念《ねん》や怒りの念、あるいは人のせいにする念が強いタイプの人は、病気を非常につくりやすいのです。

家族や友達、あるいは会社関係の人でもそうですが、とにかく、攻撃性《こうげき》が強いタイプの人です。憎しみや怒りが強いタイプの人は、自分が病気になるか、人を病気にさせるか、どちらかになる傾向が強く、あまり天国的とは言えないのです。

今はそういう攻撃性に満ち溢《あふ》れた世の中なので、それを中和する意味においても、「ありがとう」という気持ちを持ち、笑顔と感謝の実践《じっせん》をすることが大事です。

それが、相手の毒気《どくけ》を消す力を持っています。

あなたを憎んだり苦しめたりしようとしている人がいた場合に、その念《ねん》波《ぱ》を和《やわ》らげ、跳《は》ね返していったり、避《さ》けて横に流してしまったりする効果を持っているのです。

「憎《にく》んでいる人」への許しで治る病気は数多くある

それから、あなたとうまくいっていない人がいれば、思い切ってお詫《わ》びをしてしまうことです。

人間は完全な存在ではないので、あまり突《つ》っ張らないほうがよいのです。

「自分は絶対に正しい。あなたが間違《まちが》っている」と突っ張って、十年でも言い続ける人は数多くいますが、「しつこい」ということ自体が悪であると考えなければいけません。

人間は間違いを数多く犯《おか》す存在であるので、「突っ張って、相手を責め続ける」という態度自体が悪になるのです。夫婦《ふうふ》関係や親子関係、それから、会社の人間関係などにおいて、「この人とは、ずっと関係が悪いな」と思う人がいれば、思い切って、「私のほうが悪かった」と言って、自分が先に非を認めてしまうことです。

なかには、「そうだ。あなたが悪かったのだ」と言う人がいるかもしれませんが、あなたが自分の非を認めて謝《あやま》った瞬間《しゅんかん》に、一種のカルマが崩壊《ほうかい》し始めて、その葛藤《かっとう》の部分が解《と》けてき始めます。

許しによって治る病気は数多くあるのです。

それは、たとえ、「法律的に見て、自分のほうが正しい」という場合であっても、当てはまることです。

例えば、「強盗《ごうとう》や泥棒《どろぼう》に入られた」「突如《とつじょ》、通り魔《ま》に自分の娘《むすめ》を殺された」というようなことがあれば、それは悔《くや》しいことですし、当然、相手を恨《うら》むでしょう。

特に、「子供を殺された」という親の場合には、相手を深く恨み、「どうしても死刑《しけい》にしてやりたい」と思うのも無理はありません。「無期懲役《ちょうえき》にはさせないぞ。何としても死刑にしてみせる」と、執念《しゅうねん》で十年二十年と追《つい》及《きゅう》し続けるかもしれません。

ただ、親自身にとっても、長年、そういうことを続けていては不幸な人生ですし、苦しいものでしょう。その思いが病気を引き起こすこともあるのです。

亡《な》くなった子供は帰ってこないので、その子の「あの世での幸福な生活」を願い、供養《くよう》してあげることが大切です。そうすれば、その子の魂《たましい》を救うことはできます。

しかし、親が、憎《にく》しみの念波を強く持っていると、亡くなった子供のほうも、「そうだ、そうだ。あいつが悪いのだ」と一緒《いっしょ》になって相手を恨んでいます。そのため、なかなか成仏《じょうぶつ》できず、天国には還《かえ》れないのです。

許しの心を持ったときに、成仏、すなわち天国に還ることが可能になるのです。

七十点の自分を許し、受け入れる

若いうちは百点を目指して一生懸命《いっしょうけんめい》にやっていると思うのですが、中年期から晩年期に入ってくるにつれて、人生の速度を落とさなくてはいけない時期がやってきます。そのときに、いつまでも百点を求めて生きてはいけません。九十点、八十点、七十点の自分を受け入れること、七十点ぐらいの自己像を容認することも大事です。いつまでも百点を求めても無理なのです。

「七十点でもいいかな」と考え、自分自身に対する許しのハードルを下げなくてはなりません。「他の人に辛《つら》く当たったこともあるし、いろいろな失敗もあったし、人間として、おかしいところもあったと思う。ただ、善と悪とを比べると、悪のほうが多かったとは言えないだろう。善《よ》いことを行い、考えてきたほうが多いように思うので、七十点ぐらいではないだろうか」と思えるならば、「自分は、まあ、こんなものかな。こういう自分を受け入れよう」という気持ちになることが大事です。

理想家で、あまりにも完璧《かんぺき》を求めすぎると、自己処罰《しょばつ》の観念が非常に強くなって病気になります。ガンになる人や自殺する人には、こういうタイプがわりに多いのです。非常に完全主義的な人です。

なかには、「悪いことをした自分を自分で許すことは、ずるいことなのではないか」と思う人もいるかもしれませんが、それは一つの人間心なのです。

大宇宙の叡智《えいち》である根本仏、根本神は、これだけ多くの生き物を生かしています。例えば、世界には七十数億（発刊時点）の人間が生きています。その全員が完璧に生きているでしょうか。完全に生きているでしょうか。百パーセント道徳的な人間ばかりでしょうか。そうではないでしょう。犯罪を犯したり失敗したりしながら、みな生きています。そして、「よしよし」と思って、人間を育《はぐく》み、そのあり方を我慢《がまん》している存在があるのです。「自分の気持ちだけで、すべてを規定してしまうのは、尊大なことなのだ」ということを知らなければいけません。

そういう意味で、自分に対する許しが必要なのです。

ボケを防ぐための習慣

脳の病気の場合も、悩《なや》みから来るものが多いのです。もちろん、脳を使いすぎて疲労《ひろう》している人もいますが、やはり、取り越《こ》し苦労や持ち越し苦労などによって心労が絶えず、何かを悶々《もんもん》と考えている人は、内臓のほうに問題が生じなければ、普通《ふつう》は脳のほうに問題が生じます。

その意味では、悩みの面から脳の健康のコントロールに努めることも大事です。

くだらないことで、あまり悩みすぎてはいけません。これは〝掃除《そうじ》〟の問題でしょう。毎日毎日、きちんと悩みの掃除をしておき、なるべく、心のなかがいつもすっきりしているようにしておくのです。

それから、ボケない工夫《くふう》のようなものが大事になります。

実は、「週に一冊程度の本を読む習慣のある人は、年を取ってから、ボケない」と言われているのです。これは大事なことだと考えてください。

ボケないためには、週に一冊ぐらい本を読んだほうがよいのです。

3 人生、最後まで残るのは心の修行《しゅぎょう》

自殺すると、不成仏霊《ふじょうぶつれい》になってしまう

老壮年期《ろうそうねんき》においては、病気をして将来をはかなみ、「家族に迷惑《めいわく》がかかる」という理由で自殺するケースが多いのです。

しかし、釈尊《しゃくそん》の時代から、「生《しょう》」「老《ろう》」「病《びょう》」「死《し》」という「四苦《しく》」の教えがあり、「人間は、生まれる苦しみ、老いる苦しみ、病気の苦しみ、死ぬ苦しみからは逃《のが》れられないのだ」と説かれています。

したがって、病気になることは、ある程度、人生に織り込《こ》み済みでなければいけないのです。

病気になると、闘病《とうびょう》生活は苦しいでしょうし、職業を失ったり、仕事がうまくいかなくなったりと、いろいろなことがあると思いますが、生かされているかぎりは、「まだ、この世に使命があるのだ」と思って、自分がやれるだけのことをやり終えてください。それが大事です。

自殺すると、遺《のこ》された家族に、さらなる悲しみで追い打ちをかけることになります。そして、その後、不成仏霊《ふじょうぶつれい》となり、家族や親族を頼《たよ》っていきます。今、生きているときに、「迷惑をかけている」と思うかもしれませんが、死んだあとも、不成仏霊となり、家族や親族に取り憑《つ》いて障《さわ》りを起こし、彼らを苦しめてしまうのです。

そのように、自殺したあとには、家族などに、もっと迷惑をかけることになるので、生命《いのち》のあるかぎり闘《たたか》っていただきたいのです。

「自分は、もう終わりだ」と思うかもしれませんが、そんなことはありません。まだまだ、やれることはあります。

今世《こんぜ》において最後に残るものは心の修行《しゅぎょう》です。それしかないのです。

闘病中であっても、心の修行は可能なはずです。病気をしていても、「自分は、どのような心境を維持《いじ》し、獲得《かくとく》することができるか」という修行はあるはずなのです。

病気のとき、人は信仰《しんこう》に目覚めることもある

病気のときに人は信仰《しんこう》に目覚めることもあります。それは大事なことで

す。健康で、仕事もうまくいき、「ハッピー、ハッピー」で生きていった場合には、信仰に出合わずに人生を終わることも多いのです。

もちろん、信仰に出合ったとしても、やがて人は死にます。しかし、死ぬ前に信仰に出合い、信仰を手にしたならば、それは大きなことです。その意味で、病気も、信仰に入るための一つの大きな入り口なのです。

そういうこともあるので、もし、信仰に入るチャンスとして病気になったならば、それもまた、ありがたいことだと思うべきです。

第4章　病気になったときの心の調え方

病気にも効果がある『仏説・正心法語《しょうしんほうご》』の功徳《くどく》

『仏説・正心法語《しょうしんほうご》』には功徳《くどく》が非常に多いのです。

幸福の科学の信者は、当然、『仏説・正心法語』を自分で読誦《どくじゅ》するでしょうが、その『仏説・正心法語』のCD一つで、悪霊除《あくれいよ》けができ、憑《つ》いている悪霊が離《はな》れるのです。これには、ほんとうに、ものすごい効果があります。

私は、以前、「『仏説・正心法語』には『般若心経《はんにゃしんぎょう》』の一万倍ぐらいの効果がある」と述べたことがあります。『般若心経』を奉《ほう》じているところには、たいへん失礼な言い方でしたが、実際に、そのとおりなのです。

ただ、『般若心経』も、それを読んでいる人の悟《さと》りが伝わった場合には効果があり、法力《ほうりき》が効いてきます。もっとも、『般若心経』は漢文のお経《きょう》なので、それを聴《き》いても、悪霊にはその意味が分かりません。

ところが、当会の経文《きょうもん》の場合は、全部、現代語で書いてあるため、それを聴いていると、悪霊にも、ある程度、その意味が分かります。また、読んでいる人のほうも、意味を分かっていて読んでいるので、効き目は非常に大きいのです。

コラム

したがって、『仏説・正心法語』は霊障《れいしょう》系の病気にも効果があります。

霊障が原因の病気は、病気全体の七割から八割ぐらいあるでしょう。はっきりとした数字は分かりませんが、三分の二は超《こ》えていると思われます。

しかし、悪霊の憑依《ひょうい》が原因の病気であれば、『仏説・正心法語』で悪霊を飛ばすことによって、ほとんど治せるのです。

『仏説・正心法語』に書いてある真理を理解して悟り、それを読誦する修行《しゅぎょう》をしていれば、霊障系の病気はだいたい治ります。

自分の力だけで足りない場合、支部や精舎《しょうじゃ》に行き、いろいろと祈《き》願《がん》を行《おこな》ったり研修を受けたりしているうちに、病気自体は治っていくのが普通《ふつう》なのです。

第5章

美しい心で〝店じまい〟する方法

1 晩年十年の執着《しゅうちゃく》は成仏《じょうぶつ》を妨《さまた》げる

毎年毎年、執着を減らす――家、土地、財産、事業、子孫《しそん》

晩年の十年ぐらいの間は、心を穏《おだ》やかにし、この世への執着《しゅうちゃく》を少しずつ減らす訓練をしていくことです。

最後の十年ぐらいにおいて執着がたくさんある人は、地獄《じごく》に行くというより、地縛霊《じばくれい》などの不成仏霊《ふじょうぶつれい》になる可能性が非常に高いのです。家、土地、財産、事業、子孫《しそん》などに対して執着を持ちすぎると、自分の成仏を妨《さまた》げる

ので、毎年毎年、執着が少なくなっていくように努力する必要があります。

そして、「すべては、よくなっていく」と思うことです。「私の周囲の者たちは、よい人ばかりであり、私がいなくても、彼らは、きっと努力して立派になっていくだろう。私の役目は終わろうとしているようだから、私は、あの世に還《かえ》る準備をしなければいけない。心を穏やかにし、間違《まちが》った思いや行いを反省して、死後に備えよう。あの世への〝入学準備〟をしよう」と思うことです。

最後の十年ぐらいの間に、家族や友人、その他の人たちと、あまり葛藤《かっとう》を起こすと、成仏の妨げになるので、気をつけなければいけません。自分自身のためにも、そうした葛藤は、ないほうがよいのです。身内を責めたり、自分に縁《えん》のある人から嫌《きら》われたりするような生き方は、すべきではありません。

今日、自分が死ぬとしたら、何が心に引っ掛《か》かるか

先ほど、三途《さんず》の川を渡《わた》るときにいろいろなものが落ちているという話をしましたが、ここに落ちているものは、この世への執着なのです。ですから、「どれほど執着を断《た》つか」ということが、最後の修行《しゅぎょう》としていちばん大事なことになります。

執着を断つためには、どうしたらよいかと言いますと、要するに「今日、自分が死ぬ」と思ったらよいわけです。「今日、自分が死ぬとしたら、心に引っ掛《か》かっているものはいったい何であろうか」ということを考えたらよいのです。それをノートにでも何にでも書き出して並べてみたらよいの

です。引っ掛かっていることは、だいたい十か二十、多くて三十ぐらいのものです。そしてそれは、今の自分の判断や努力で解決がつくものか、それとも、努力しても悩《なや》んでも解決がつかないものか、これを分けていくのです。

努力によって解決がつくもの、改善ができるもの、今だったら自分がしようと思えばできるものについては、執着をなくすためには、それを早めに片づけてしまうことです。

一方、今、自分がやってもできないこと、どうしようもないことは、余計な心配ですからバサッと切ります。例えば、幼稚園《ようちえん》に行っている孫が大学に合格するかどうかなどと考えても、意味がありません。それは親が考えればよいことで、おじいさん、おばあさんの考えることではありません。

このような自分がしてもしかたのない心配は切っていきます。

そして、やっておけること、例えば「財産の処理はこうしよう。これについての跡継《あとつ》ぎはこれにしよう。会社の方針はこうしておこう」といったことは、さっさと整理しておくことです。そして、やれるだけのことはやって、いちおう、今日死んでもいいようにしておくことです。

そうしますと、明日からあとの人生は、余分と言っては語弊《ごへい》があるかもしれませんが、おまけのようなものですから、次の日、目が覚めて命があったら、「仏様、ありがとう」と感謝し、「余分なボーナスが出たぞ。あと三年間ボーナスが出た。五年間出た。十年間出た」と喜んで、「ありがたい」と思って使うことです。

このように、その日一日で寿命《じゅみょう》が終わると思って、全部整理してしまうことです。そして「一日一生《いちにちいっしょう》」の思いで生きていく。これが大事なことなのです。

「布施《ふせ》」は執着《しゅうちゃく》を断《た》つ修行《しゅぎょう》

それから、やや仏教的にはなるかもしれませんが、幸福の科学においても、「植福《しょくふく》」、あるいは「布施《ふせ》」というものがあります。仏教的には、「喜んで捨てる」ということで「喜捨《きしゃ》」とも言われます。

それ自体は、対価があるものを買ったり、サービスに対する何らかの対価を払《はら》ったりしているわけではありません。「自分の持っているお金は命の次に大事だ」という人もいるかもしれませんが、これを差し出すことによって、「自分自身の執着《しゅうちゃく》を断《た》つ」という修行《しゅぎょう》をしているわけです。

これは、実際にやってみたらよく分かるでしょう。直接自分に返ってくるものではないことに、一万円、五万円、十万円のお金を出すのは大変だと思います。百万円を出すなんて、なかなかできるものではありません。

ただ、身銭を切って植福するのは、「執着を断つ修行」としてとても大事なのです。

言い換《か》えれば、「あなたは、どの程度まで自分の欲を制して、ほかの人のために役に立つのをよいことだと思いますか」という問いに対する答えでもあるでしょう。やはり、「節制して、自分の蓄《たくわ》えなどを、折々に教会や神社仏閣《ぶっかく》、その他、聖なるものに寄付する」というのは、「天の蔵《くら》に富を積む」のと同じことなのです。

「無執着《むしゅうじゃく》の境地」は非常に天国的

「植福功徳経《くどくきょう》」●のなかでは、布施をする際の心のあり方として、「無執着《むしゅうじゃく》は善《よ》きかな」という言い方をしています。確かに、実際に布施あるいは植福をするには、執着を断つ修行が必要です。ただ、布施をしたあとは、非常に心が軽くなった気持ちがするだろうと思います。

また、人生の晩年には、財産をめぐる争い、遺産をめぐる争いなど、醜《みにく》いものが数多くあり、それを題材にした小説やドラマがよくあります。人間には欲があるので、財産などをめぐって争いが起きることがありますが、そういうものを見ると、つくづく、「無執着の境地」というのは非常に天国的なものだと思います。

●「植福功徳経」『エル・カンターレへの祈り』（三帰《さんき》信者限定）所収。

そういう意味では、経済的な面で、晩年の適正な生活を確保することは大事ですが、余分な財産をたくさん持って、あとに争いごとの種を子孫に残すよりは、布施等をしたほうが、すっきりしてよいかもしれません。

この世で積んだ徳は「あの世のパスポート」

あなたが地上で持っていた富は、もちろん、死んでから、あの世には持って還れません。しかし、ちょうど、あなたがた一人ひとりに健康保険証が渡されているように、あの世に還ったときに、あなたがた一人ひとりに、そうした通帳にも似たものが渡されるのです。そのなかには、あなたが生前なしたことが逐一《ちくいち》書いてあります。それが、あの世に入ったときの、あなたのパスポートです。

あの世での旅の途中《とちゅう》、いろいろな所で初対面の人に会います。そのときに、そのパスポートを見せて、「私はこういう人間です」と言います。するとと、相手はパスポートの内容を読んで、「そうですか。あなたは生前、こういう素晴《すば》らしいことをされたのですか。それならば、あなたの行く世界はこういう世界です。右の道を歩いていきなさい。左の道ではありません。右の道があなたの進む道です」というようなことを親切に教えてくれたりします。

このように、あの世で案内を申し出る人が次から次へと出てきて、あなたを素晴らしい世界へと導いてくれます。それというのも、あなたが地上で生きていたときに多くの徳を積み、その徳が「天の蔵に徳を積む」というかたちになって残っているからです。

2 美しい晩年の姿――和顔愛語《わげんあいご》

優《やさ》しい顔、愛ある言葉、慈《いつく》しみの目

特に、すでに老壮年期《ろうそうねんき》に入っておられる方は、いずれ、あと五年、十年、二十年であの世に渡《わた》るわけですから、そういう年代の方に、気をつけておかねばならないことをアドバイスしておきたいと思います。

人生の最後の十年ぐらいというのは、非常に大きな意味を占《し》めています。

これが来世《らいせ》の入学試験の前の期間なのです。ここをどのような精神状態で

過ごすかということが、来世の生き方に非常に関係があります。

気をつけてほしいことの第一は、いわゆる「和顔愛語《わげんあいご》」――優《やさ》しい顔、安《やす》らいで和《やわ》らいだ顔、それから、優しい愛ある言葉です。そうした優しい顔、人に対する優しい言葉、これを特に気をつけてください。これは毎日毎日の心掛《こころが》けです。鏡を見たときに、優しい顔をしているか。それから、人に対して、好意のこもった話、その人が聞いて喜ぶような話ができているか、これをまずチェックしていただきたいのです。心の状態が悪いと、まず顔つきが悪くなってきますから気をつけてください。

顔の点検の一つに、「慈眼《じがん》」というものがあります。鏡で自分の目をよく見てください。慈眼、慈悲《じひ》の目であるかどうか。光を持った、目尻《めじり》の優しい、そういう目かどうかをよく見ていただきたいのです。

地獄《じごく》に行く方というのは、普通《ふつう》、目が濁《にご》っています。自分の目を見て、目が濁っているかどうか、よく見ていただきたいのです。目が濁っているようですと、まだ修行《しゅぎょう》が残っていますから、どうか心を透明《とうめい》にして、他の人に対する優しい心を起こしてください。

和顔愛語、それから慈眼、これをとりわけ大事にしていただきたいと思います。

愚痴《ぐち》や不平不満は自分の来世《らいせ》にとってマイナスに

また、年を取りますと身体《からだ》が不自由ですから、どうしても愚痴《ぐち》や不平不満が出ます。他人に対する不満が出ます。自分自身の身体が言うことをきかず、自分の自由にならないので、どうしても出るのですが、来世《らいせ》ということを考えるのならば、やはりマイナスです。明らかにマイナスですから、自分のことをほんとうに思うのでしたら、今は来世への入学準備期間だと思って、努力して修行をしなければなりません。優しい顔だち、優しい目、優しい言葉、これに努めなければなりません。

3 ピンピンコロリを目指す

深い信仰心《しんこうしん》を持てば、苦しい老後を心配しなくてよい

みなさんのなかには、「自分には、身寄りが少なく、経済的な支えもないので、老後は、もしかしたら、何十年も大変な目に遭《あ》うのではないか。ホームレスに近い状態で放置されるのではないか。病気になっても治療《ちりょう》を受けられず、苦しみながら死ぬのではないか」など、いろいろと想像して苦しんでいる人もいらっしゃるかもしれませんが、そのような心配は要《い》り

ません。

深い信仰心《しんこうしん》を持ち、ピンピンコロリ（元気でピンピンしている人が、ある日突然、苦しむこともなくコロリと亡くなること）を祈《いの》っていれば、神様が適当なときに引き上げてくれます。天上界《てんじょうかい》から見て、「あの人は、あまり長く地上に置いておかないほうがよい。もう引き上げるべきだ」ということになれば、適当なときにコロッと逝《い》けるようにしてくれるのです。

そうすれば、経済的にほとんど悩《なや》まなくてよい状態で死ぬことができるので、ある意味では、葬式代《そうしき》だけを残しておけばよいわけです。たとえ葬式代を残せなかったとしても、最後は、カンパを募《つの》ればどうにかなるものです。

どうか、そんなに心配しないでください。「長生きをしたら、苦しい老後が待っているのではないか」などと、あまり心配しなくてよいと思います。

あとは、幸福の科学の「百歳《さい》まで生きる会」などに参加し、法友《ほうゆう》（真理を共に学ぶ仲間）をしっかりつくっておけば、何かのときには、みなが助けてくれます。当会の信者になれば、老後については、そんなに心配しなくてよいでしょう。

家族に迷惑《めいわく》をかけない「大往生《だいおうじょう》」を

十年も二十年も病院にいて、たくさんのチューブを差し込《こ》まれ、家族にも迷惑《めいわく》をかけ、「辛《つら》い、辛い」と言っているのは、自分も辛いし、天国的であるとも思いません。「その日まで元気で生きて、そのときにはスッと逝ける」というのがよいのです。

以前にもお話ししたことがあるのですが、私の父方の祖父は、自然死で、大往生《だいおうじょう》しました。

そのころ、私の父の二つ上の姉、つまり、私にとっての伯母《おば》が、毎日、寝《ね》る前に、絵本や物語などを読んであげていたのですが、「お父さん、今日も続きを読もうか」と言ったところ、祖父は、「まあ、今日は、もういいや」と言ったそうです。伯母は、「おかしいな」と思ったけれども、それで読むのをやめたら、その日の夜のうちに祖父は息を引き取りました。「大往生」というような死に方をしたのです。

そのように、なるべく迷惑をかけない死に方がよいのです。なるべく、そのように持っていきたいと思います。

お墓《はか》や宗教施設《しせつ》は「霊界《れいかい》と地上の交流の場」

現代では、唯物論《ゆいぶつろん》もあれば、仏教の流れのなかでも「死んだら無になる」というような考えは、ある程度流行《はや》っています。

現代は土地代が高くなって、お墓《はか》をつくるのが難しくなりつつあることもあり、例えば、「死んだら何もかもなくなるから」ということで、野山や海面に遺灰を撒《ま》いたりして終わりにする、自然葬のようなものも出てきています。確かに、これはお墓が要らないので、安上がりではあるでしょう。

しかし、西洋・東洋において姿形《すがたかたち》はいろいろと違《ちが》うものの、お墓には一種の〝アンテナ〟のような役割があります。要するに、お墓参りをするなり位牌《いはい》を祀《まつ》るなり、そうした供養《くよう》のスタイルを取ることによって、天上界や地獄界《じごくかい》にいる亡くなった方と心が通じる交差点になるところがあるのです。その意味で、実は重要なものなのです。

普通《ふつう》の人は霊能者《れいのうしゃ》ではないので、「思ったらすぐに死者に通じる」ということは、あまりありません。しかし、例えば、「お盆《ぼん》なら、きちんと供養される」「命日には供養される」と、亡くなった人が期待しているような場合、遺族に供養しようという気持ちがあって、霊園《れいえん》、墓地《ぼち》のように決まった所で供養をすると、その気持ちがつながるのです。両方の電話がつながるような感じになり、お互《たが》いの気持ちが通じることがあるわけです。

実際に、死んであの世に還《かえ》ると、あの世での仕事があるので、いちおう、そちらのほうで忙《いそが》しくしなければいけないのですが、ときどきは子孫《しそん》のことも思い出し、「どうなっているかな」「どうしているかな」と気にしている方もいます。そういうときに、やはり、先祖供養や何かの儀式《ぎしき》等で出会える場があると、懐《なつ》かしく思い出すことができるわけです。

その意味では、自分の家族などが生きている間は、この世とコンタクトするための何らかの方法が残っているほうがよいということです。

総本山・那須《なす》精舎付属 来世幸福園

例えば、幸福の科学の東京正心館《しょうしんかん》等の精舎《しょうじゃ》や、全国の支部、来世《らいせ》幸福園（霊園）などの宗教施設《しせつ》は、一種の「霊界《れいかい》との交流の場」でもあるのです。

したがって、それは、虚《むな》しいことではありません。現実に霊界との交流が起きているのです。そういう意味で、宗教は非常に「公益性」があるわけです。

聖地《せいち》・四国正心館付属 来世幸福園

「葬式《そうしき》」や「お墓《はか》」は自分が死んだことを確認するための大切なもの

――『渡部昇一　死後の生活を語る』より

渡部昇一　葬式《そうしき》をしたり、いろいろして、そういう儀式《ぎしき》を……、まあ、儀式は大事だね。いちおうね。

今は、自然葬だ何だってやっていて、もう、教会に頼《たよ》らなかったり、神社仏閣《ぶっかく》でやらずに、坊《ぼう》さんもなしでやろうっていうんだけど、やっぱり、いちおう儀式はあったほうがいいような。

というか、自分が認識するのにな。「死んだ」って言われても、なかなかその気が起きてこないから、やっぱり、自分の写真を飾《かざ》られたり、まあ、泣いてくれる方もいらっしゃるけど、そういうところに人がいて、「ああ、やっぱり、死んだのかなあ」っていう実感が、多少、してくるから。

今、何て言うかなあ。無信仰《むしんこう》で、無宗教で、そういうものは要《い》らないし、老後の資金が惜《お》しいから、ケチろうとしてる人が増えてきていると言ってるけど、単に灰になって海なんかに散骨されたら、そのあと、ちょっと動揺《どうよう》してる人なんかはいるんじゃないか。

質問者　ああ、そうですか。

渡部昇一　うん、うん。やっぱり、そうは言っても、ちゃんと葬式をやってもらって、お墓《はか》っていうかなあ、そういうものがあったほうがいいような気はするよ。なんかね。

やっぱり、ときどき死んだことを確認しないとよくないし、それを確認できない人は、死んだかどうかが分からなくて、けっこう、この世のへんをうろうろしてる人もいっぱいいるような。病院とかね、そのへんか、あと、家のなかにいる人もいるようだから。

この世がねえ、もう、信仰深い人が少なくなってるから、死んですぐスーッと（天上界《てんじょうかい》に）上がれるっていう感じは、あんまりないんで。やっぱり、「この世の生活を続けたい」っていうかなあ、「慣性の法則」か。そういうのが働いているから。

私は、もう退官はしていたけども、大学の先生なんかが死んだら、またカバンを提《さ》げて、すぐに学校に行きたがるような感じはあるわなあ。事故で亡《な》くなったようなお子さんでも、やっぱり、カバンを提げて、セーラー服で学校に通いたがるみたいなことはあるわな。

だから、死んだことに気づいていない人は、けっこういっぱいいる。これは散見しました。

4　天国に入るための〝入学試験〟に向けて

『永遠の法』は、あの世のガイドブック

あの世の世界が分からない原因の一つに、「追体験ができない」という点があります。確かに、死後の世界について、いろいろと話を聞いたとしても、実際にどういう世界なのかが分からない部分はあるでしょう。

幸福の科学で勉強することによって、多少なりとも死後の世界に希望が

持て、死に対する苦しみや悲しみが少なくなったならば、それだけでもよしとしなければならないと思います。

みなさんが死後にあの世で経験することを、すでにあの世で霊《れい》となっている人たちは経験済みなのです。その経験の内容を盛り込《こ》んである『永遠の法』（幸福の科学出版刊）は、あの世のガイドブックとして、とても適切な本だと言えます。

あの世へ還《かえ》ったならば、『永遠の法』（前掲）の内容に照らして、「自分のいる世界がどこであるか」ということをよく考えてください。『永遠の法』には、将来、みなさんの行く世界が、すべて書いてあります。

「死後、どの世界へ行くか」ということは、その人の心境によって決まります。「自分は、今、どのへんの心境にあり、将来、どの世界に行く可能性があるのか」ということは、『永遠の法』に書かれている各段階の心境を知れば推定がつくのです。

現代人の半数は死後、地獄《じごく》に堕《お》ちている

現代の日本では、「半分以上の人が地獄《じごく》に堕《お》ちている」という状況《じょうきょう》です。しかし、「日本のすべての人が、一冊は私の著書を読んだことがある。一回は私の説法《せっぽう》を聴《き》いたことがある。一回は幸福の科学のセミナーに出たことがある」という程度にまで、私の説く教えが普及《ふきゅう》すると、地獄に行く人もずっと減って、二、三割、あるいは、一、二割の人しか地獄に行かなくなるでしょう。

さらに、世の中が、仏法真理《ぶっぽうしんり》の本を何冊も読んで勉強し、その教えを実《じっ》

践《せん》して、「人々を幸福にしよう」と頑張《がんば》って生きている人で満ちてきたら、ほとんどの人が地獄に行かなくてもよくなるのです。

それは、そんなに難しいことではありません。簡単なことなのです。必要なのは価値観の転換《てんかん》です。信仰心《しんこうしん》を持つことです。すなわち、「仏がおられ、人間は仏の子なのだ」ということを知り、仏の子としての生き方を実践するだけで、地獄に行かなくて済むのです。

年配者が語るからこそ、ありがたみがある

やはり、「宗教こそが、人生の集大成の学問である」ということです。宗教というのは、実は、総合的な学問なのです。宗教は、「虚学《きょがく》」ではなく、人間があの世に還る際の「実学」です。

晩年の総合的学問としての宗教は、どのような業種の人、どのような系統の学問に進んだ人にとっても、天国に入るための〝入学試験〟の準備として必要なものです。

宗教は、あの世において必要になることを数多く説いているので、「宗教を学んでおかないと損である」ということを述べておきます。

そして、幸福の科学の「百歳《さい》まで生きる会」の人たちの使命は、年下の人たちに対して、「宗教というのは、実に大事なものだ」ということを落とし込んでいくことです。

そういうことは、年齢《ねんれい》が上の人に言われたほうがありがたみがあります。「宗教について、自分もよく分からない」というような人が語っても、相手には通じませんし、学生同士が話すような言葉で語っても、やはりなかなか通じないところがあります。
したがって、年配者の使命は大きいと思います。

5 美しい心を残して、新たな旅へ

地上を去るとき、誰《だれ》もが必ず後悔《こうかい》すること

この文章を読んでいるみなさんも、いつか必ず地上を去っていきます。何年か何十年か後《のち》には、必ず地上を去ることになるのです。その地上を去るときの気持ちが、みなさんには分かるでしょうか。

それはちょうど、地上を離《はな》れて、天空にかかる星となるような気持ちです。地上からはるかに離れていって、星の一つとなるような気持ちがする

のです。

地上をはるかに離れ、何百メートル、何千メートルと高いところに昇《のぼ》っていくにつれて、この地球が小さく見えてきます。かつて自分が遊んだ広場、自分が住んだ家、友人たち、いろいろな人たちの思い出が、遠くに、小さく小さくかすんでいきます。森や川や山や、そうしたものがかすんで見えてくるのです。

こうしたときに、みなさんが思うことは、「ああ、もっと多くの人に、優《やさ》しく接していればよかった」ということなのです。そうした瞬間《しゅんかん》が、この文章を読んでいるみなさんに必ず訪《おとず》れることを私は予言しておきます。

そのときに、みなさんは、「懐《なつ》かしい人々に、一つでも多くの愛を与《あた》えることができたならば、一つでも多くの優しい言葉を与えることができたならば、どれほどよかったか」と思うのです。

「常に優しき人となれ」――その言葉を心のうちにくり返しながら生きていくときに、みなさんは、この地上を去る瞬間のことを脳裡《のうり》に描《えが》いているのです。

人間は、母の胎内《たいない》に宿り、この地上に生まれ、幾《いく》十年かを生き、その間にさまざまなドラマがあり、やがてまた地上を去って還《かえ》っていきます。

地上という世界は、一時《ひとどき》の思い出です。あの修学旅行のように、あの楽しかった学校生活のように、一時の思い出であり、一時のメルヘンでもあります。みなさんは、そうした、束《つか》の間《ま》の人生を地上で生きているのです。

そうであるならば、何ゆえに、それほどまでにギスギスとした生き方をするのですか。何ゆえに、それほどまでに厳しい人生を生きるのですか。

何ゆえに、それほどまでに他人に対して厳しく接するのですか。

やがて去っていく世界であるならば、できるだけ優しい思い出を残していこうではありませんか。自分が人にそうされたいがごとく、他の人にも優しくあろうではありませんか。

人間がいちばんうれしい瞬間は、人から優しくされた瞬間ではないでしょうか。優しくしてもらった瞬間ではないでしょうか。

さすれば、自分もまた、常に優しき人となろうではありませんか。自分が人にそうされたいがごとく、自分もまた人に接しようではありませんか。常に優しき人として、生きていこうではありませんか。

「素晴《すば》らしい人生であった」という思いで

老壮年期《ろうそうねんき》には、執着《しゅうちゃく》を持ったり自我を強くしたりしないで、だんだんと、美しいせせらぎのような気持ちになっていき、来世《らいせ》を楽しみにすることです。そして、そのための準備に入っていくことです。

仏法真理《ぶっぽうしんり》の勉強をきちんとして、人に対する感謝の心を持ち、「この世に思い残すことはない。よい人生であった。美しい世の中であった」という気持ちを持つことが大事です。

仏陀《ぶっだ》は八十歳《さい》を過ぎてから、最後の旅に出ました。その途中《とちゅう》で、象のように体を巡《めぐ》らせて、山のほうから街を振《ふ》り返り、「美しいなあ」と言ったと伝えられています。仏陀が最後の旅をしているときの言葉として、「美しい街であった。素晴《すば》らしい国土であった。素晴らしい人たちであった」という、万感《ばんかん》の思いを込《こ》めた言葉が遺《のこ》っているのです。「すべてよきかな」という感じです。

このように、死ぬときには、「よい人生であった。いろいろなことがあったし、苦しく思ったこともあったけれども、私にとっては、すべてが魂《たましい》のよい教訓になった。素晴らしい人生であった」という思いで、最期《さいご》を終えたいものだと思います。

次なる旅、新しい喜びへ

全体的な大きな目で見ると、「人が老いていくというのは幸福なことなのだ」と感じます。

もし、二十歳のままで、ずうっと何百年も変わらなかったら、どうでしょうか。それは、けっこう辛《つら》いものです。

自分は老いていき、そして、若い人が出てきます。若い人たちが働き始め、活躍《かつやく》し始めて、自分の人生が幕を閉《と》じていきます。体が弱り、思考が弱り、よい仕事ができなくなります。そして、病気になります。

このように、晩年は悲しいものであり、それは木《こ》の葉が紅葉して落ちていくようなものでしょう。

しかし、そうであってこそ、「今世《こんぜ》の使命が全《まっと》うされ、終わりを迎《むか》え、次の世代が、この世に生まれて活躍し、また霊界《れいかい》に還り、さらに次のチャンスがある」という循環《じゅんかん》が成り立っているのです。

それは、公園に行ってみれば分かるでしょう。

確かに、若葉は素晴らしいものです。新芽が出、若葉が出、花が咲《さ》き、夏になって緑が満ちている姿は、とても素晴らしいものですが、秋になって紅葉し、葉が枯《か》れ、地面に落ちて腐葉土《ふようど》になり、それが栄養となって、また翌年《よくねん》に芽が出て、草が生《は》え、木が生え、花が咲いていきます。その循環自体は、やはり、よいことだと思います。

「来世に霊として生まれ変わり、新しい人生を送る」という未来が待っているのであれば、老いて苦しみを得ることも、「次の脱皮《だっぴ》のための時期なのだ」と受け止めたほうがよいわけです。

この世がいつまでも生きやすかったならば、あの世に還れなくなります。この世が生きにくくなり、「余命が短くなった」と感じることも、また幸福なことです。「終わりが近づいてくる」ということは幸福なことであり、それによって、また次なる旅が始まり、新しい喜びが生まれてきます。
それは、全体的に見れば、よいことなのです。

不滅《ふめつ》への道

この世の生命《いのち》は、はかないものだ。
長くて百年は、
夢、幻《まぼろし》の如《ごと》くだ。

いつしか、実在界の、
永遠の生命《せいめい》の世界に還《かえ》ると思って、
残された歳月《さいげつ》を生きなくてはなるまい。

やり残したことは数多くあるだろう。
現世《げんせ》への執着《しゅうちゃく》は山ほどあるだろう。
愛している人たちを遺《のこ》すのはつらかろう。
会社のこと、仕事のこと、財産のこと、
気がかりの種は尽《つ》きないだろう。

しかし、
この世とあの世を分かつ法則は、
厳然として存在し続ける。
持って還れるのは、その心だけだ。

その日のために、着々と準備し、
精進《しょうじん》を続けるがよい。
法とともに生きる道が、
不滅《ふめつ》への道である。
共にこの道を歩まん。
いざ、
勇気と忍耐《にんたい》をもって進め。

エピローグ

あとがき

『晩年《ばんねん》の法《ほう》』とでもいうべき教えの、易《やさ》しい入門書である。

「老い」「病気」「死後の旅立ち」について、十分な心の準備ができていない人には、手頃な一冊だし、病室でパラパラと手にとって読むのにちょうどよいぐらいの編集となっている。

いつか、この世におさらばしなければならない時が来る。その際の「常識」が大きく変化しようとしている今、「真実」がどうなっているのかは、再確認しておいた方がよかろう。

「坊主《ぼうず》宅配便《たくはいびん》」「ロボット読経《どきょう》」「樹木葬《じゅもくそう》」「散骨《さんこつ》」など手軽なサービスで

伝統仏教も経営危機に直面しているが、今、亡くなる人の五割以上が地《じ》獄《ごく》に行っているとしたなら、救いがたい愚行《ぐこう》であることがわかるだろう。「生《せい》」と「死《し》」の問題を正確にとらえなおそう。

二〇一八年　八月二十日

幸福《こうふく》の科学《かがく》グループ創始者兼総裁《そうししゃけんそうさい》　大川隆法《おおかわりゅうほう》

『あなたは死んだらどうなるか？』出典一覧

プロローグ　束の間の旅……『勇気ある人 心の指針 第九集』※

第1章　人はこうして、あの世へ旅立つ

1　死後の世界は存在する

死んで肉体が焼かれても終わりではない……『「幸福になれない」症候群』第5章

八百人近くの霊人を呼び出している霊言集……『永遠なるものを求めて』第1章

「あの世」と「人生の合格ライン」はある……『永遠なるものを求めて』第1章

死んだあと、人の魂はこんなふうになる……『悟りに到る道』第1章

2　あなたはどれ？　死の直後、3つのコース

コース①　霊界にまったく旅立てない人……『悟りに到る道』第1章

コース②　すぐに地獄に堕ちる人……『永遠の生命の世界』第1章

コース③　「導きの霊」と霊界へ旅立つ人……『悟りに到る道』第1章

「三途の川」の様子……『悟りに到る道』第1章

三途の川の渡り方、3つのパターン

・溺れかけながら渡る……『悟りに到る道』第1章

・水に浸からず、水面を渡る……『悟りに到る道』第１章
・舟や橋を使って渡る……『悟りに到る道』第１章
三途の川を渡ったあとは？……『悟りに到る道』第１章

3 〝生前映画〟が上映されて、霊界での行き先が決まる

心のなかまで映す「照魔の鏡」……『永遠の生命の世界』第１章
例えば、競争で負かした相手の「その後」を追体験する……『信仰のすすめ』第２章
自分で納得して、死後の行き先を決める……『永遠の生命の世界』第１章
自らの「心のなかの思い」に応じた霊界に還る……『悟りに到る道』第１章

【霊言コラム】

共産主義・唯物論を広めたマルクスとの対話……『マルクス・毛沢東のスピリチュアル・メッセージ』第１章

第２章 「心の洗濯」がほんとうの終活

1 生前に心を洗う「反省」のすすめ

あなたの心のなかの汚いもの、大丈夫？……『「正しき心の探究」の大切さ』第１章
心の曇りを落とすと涙が流れる……『宗教の挑戦』第５章
反省で悪霊を取るための習慣・ライフスタイル……『幸福の法』第４章
高齢からでも、遅くはない……『悟りと救い』第２部

「粘着型の性格」を克服する……『ユートピア創造論』第3章

2　信仰心が来世の行き先を決める

天上界に上がるには信仰が必要……『霊界散歩』第2章

宗教別に行われる、あの世のガイダンス……『信仰のすすめ』第2章

「正心法語」を拠りどころにすれば、天国に還れる……『はじめての信仰生活』第1章※

【リーディングコラム】

生前に信仰を持っていると、救いが早くなる……『恐怖体験リーディング』ケース1

第3章　幸福で健康な長寿になるエイジレス生活法

1　人生百二十年計画を立てて、完全燃焼する

タイムリミットは五十五歳、お返しの人生を歩む……『ユートピア価値革命』第2章※

九十歳でも百歳でも、人間には学ぶことがある……『生涯現役人生』第1章

いつも、「十年後への準備」を……『幸福へのヒント』第4章

生涯現役の人・伊能忠敬から学ぶ……『生涯現役人生』第2章

「年を取ってから打ち込めるもの」を見つけ出す……『生涯現役人生』第2章

2　明るく、若々しく、健康に

長寿者は楽天主義――怒りは毒素がたまる……『生涯現役人生』第1章

依存心のない人ほど、孤独にならない ……『超・絶対健康法』第1章
「三十歳年下の人」と友達になると、エイジレス化する ……『エイジレス成功法』第1章
健康維持は結局、「歩くこと」に帰着する ……『生涯現役人生』第1章

【霊言コラム】 人生は七十五歳からが本番
百五歳で帰天したのは〝早世〟だった？ ……「日野原重明の霊言」
今からでも遅くない！ 新しいことをやってみよう ……「日野原重明の霊言」

第4章 病気になったときの心の調え方
1 信仰心を持って、悲観論を寄せつけない
病気を治す根本は信仰心にある ……『超・絶対健康法』第1章
医者が語る〝不幸の予言〟に注意 ……『超・絶対健康法』第3章
2 ガン、血管系、認知症 ― 病気をよくするための心と生活の習慣
感謝を口に出して言える人は病気にとてもなりにくい ……『超・絶対健康法』第1章
「憎んでいる人」への許しで治る病気は数多くある ……『超・絶対健康法』第1章
七十点の自分を許し、受け入れる ……『復活の法』第2章
ボケを防ぐための習慣 ……『復活の法』第2章
3 人生、最後まで残るのは心の修行

自殺すると、不成仏霊になってしまう……『生命の法』第2章
病気のとき、人は信仰に目覚めることもある……『生命の法』第2章
【コラム】病気にも効果がある『仏説・正心法語』の功徳……『はじめての信仰生活』第4章※

第5章　美しい心で〝店じまい〟する方法

1　晩年十年の執着は成仏を妨げる
毎年毎年、執着を減らす――家、土地、財産、事業、子孫……『先祖供養の考え方』第6節※
今日、自分が死ぬとしたら、何が心に引っ掛かるか……『悟りに到る道』第1章
「布施」は執着を断つ修行……『悪魔からの防衛術』第3章
「無執着の境地」は非常に天国的……『「エル・カンターレへの祈り」講義』第3章※
この世で積んだ徳は「あの世のパスポート」……『ダイナマイト思考』第2章

2　美しい晩年の姿――和顔愛語
優しい顔、愛ある言葉、慈しみの目……『悟りに到る道』第1章
愚痴や不平不満は自分の来世にとってマイナスに……『悟りに到る道』第1章

3　ピンピンコロリを目指す
深い信仰心を持てば、苦しい老後を心配しなくてよい……『心を癒す　ストレス・フリーの幸福論』第1章
家族に迷惑をかけない「大往生」を……『ザ・ヒーリングパワー』第1章

お墓や宗教施設は「霊界と地上の交流の場」……『正義の法』第2章

【霊言コラム】

「葬式」や「お墓」は

自分が死んだことを確認するための大切なもの……『渡部昇一 死後の生活を語る』第4節

4 天国に入るための〝入学試験〟に向けて

『永遠の法』は、あの世のガイドブック……『復活の法』第3章

現代人の半数は死後、地獄に堕ちている……『信仰のすすめ』第3章

年配者が語るからこそ、ありがたみがある……『生涯現役人生』第3章

5 美しい心を残して、新たな旅へ

地上を去るとき、誰もが必ず後悔すること……『愛の原点』第8章

「素晴らしい人生であった」という思いで……『「悟りに到る道」講義』第3節※

次なる旅、新しい喜びへ……『「希望の法」講義』第3節※

エピローグ　不滅への道……『不滅への道 心の指針 第五集』※

※以外は、幸福の科学出版刊。
※は、宗教法人幸福の科学刊。書店では取り扱っておりませんので、
詳しくは左記までお問い合わせください。
【幸福の科学サービスセンター】TEL 03・5793・1727
（受付時間 火～金／10時～20時 土日祝／10時～18時（月曜を除く））

あなたは死《し》んだらどうなるか？

――あの世への旅立ちとほんとうの終活――

2018年 9 月 3 日　初版第 1 刷
2025年 7 月18日　　　第 4 刷

著　者　大《おお》川《かわ》隆《りゅう》法《ほう》

発行所　幸福の科学出版株式会社
〒107-0052 東京都港区赤坂 2 丁目 10 番 8 号
TEL(03)5573-7700
https://www.irhpress.co.jp/

印刷・製本　株式会社 堀内印刷所

落丁・乱丁本はおとりかえいたします

ISBN978-4-8233-0016-5 C0014
カバー Nickolay Khoroshkov/shutterstock.com
p.16-19,190-193 LilKar/Shutterstock.com ／ p104,105 アリオト
装丁・イラスト・写真（上記・パブリックドメインを除く）© 幸福の科学

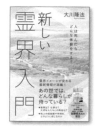

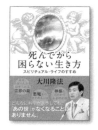

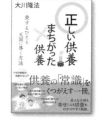

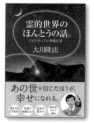

大川隆法ベストセラーズ・死後の世界の真実

永遠の法

法シリーズ 第3巻

エル・カンターレの世界観

すべての人が死後に旅立つ、あの世の世界。天国と地獄をはじめ、霊界の次元構造を明確に解き明かした一書。主エル・カンターレの説く空間論がここに。

2,200円

神秘の法

法シリーズ 第10巻

次元の壁を超えて

「死後の生命」や「霊界通信」「霊的能力と仕事能力の両立」など、この世とあの世の壁を超える秘密が明かされる。

1,980円

霊界散歩

めくるめく新世界へ

人は死後、あの世でどんな生活を送るのか。現代の霊界の情景をリアルに描写し、従来の霊界のイメージを明るく一新する一書。

1,650円

妖怪にならないための言葉

書き下ろし箴言集

嘘、偽善、自己保身……、心の「妖怪性」はあなたの中にもある──。現代社会にも生息する妖怪の実態、「裏側世界」の真実に迫る書き下ろし箴言集。

1,540円

大川隆法ベストセラーズ・「信仰」を持つ大切さ

信仰の法

法シリーズ 第24巻

地球神エル・カンターレとは

さまざまな民族や宗教の違いを超えて、地球をひとつに──。文明の重大な岐路に立つ人類に告げられる「地球神」からのメッセージ。

2,200円

信仰のすすめ

泥中の花・透明な風の如く

どんな環境にあっても、自分なりの悟りの花を咲かせることができる。幸福の科学の教え、その方向性、そして、信仰の意義が示される。

1,650円

永遠の仏陀

〔携帯版〕

〔携帯版〕

不滅の光、いまここに

すべての者よ、無限の向上を目指せ──。大宇宙を創造した久遠の仏陀が、生きとし生けるものすべてに託した願いとは。

1,980円　1,320円

天御祖神 武士道を語る

現代に求められる真実の死生観

武士道は、最終的には神仏とつながっていなければいけない──。生死の考え方や本物の信仰など、日本文明の基を創った天御祖神が説く武士道の源流がここに。

1,870円

※表示価格は税込10%です。

大川隆法ベストセラーズ・「生涯現役」で人生を生き切る

生涯現役人生

100 歳まで幸福に生きる心得

「生涯現役」は、まず心構えと継続する努力から始まる――。目標を持ち、使命を果たす人生を送る心得が説かれた一書。「無限界人間」を目指すために。

1,650 円

なお、一歩を進める

厳しい時代を生き抜く「常勝思考の精神」

「一歩、一歩を進める」ということを、努力の目標としてやっていく――。全世界の幸福のために 3250 書以上を世に送り出している大川隆法総裁が説く「不屈の人生論」。

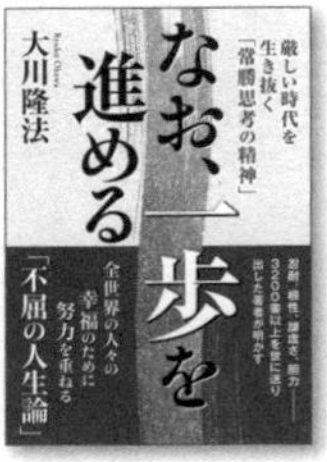

2,200 円

老いて朽ちず

知的で健康なエイジレス生活のすすめ

いくつになっても知的に。年を重ねるたびに健やかに――。「知的鍛錬」や「生活習慣」「若い人から学ぶ」など、実践的観点から生涯現役の秘訣を伝授。

1,650 円

エイジレス成功法

生涯現役 9 つの秘訣

年齢に縛られない生き方とは――。この「考え方」で心・体・頭がみるみる若返り、介護や認知症とは無縁の「生涯現役人生」が拓けてくる。

1,650 円

※表示価格は税込10%です。

大川隆法ベストセラーズ・「病気」に負けない生き方

ザ・ヒーリングパワー

病気はこうして治る

ガン、心臓病、精神疾患、アトピー……。スピリチュアルな視点から「心と病気の関係」を解明し、完全無欠な自己像を描く瞑想法も紹介。あなたに奇跡を起こす一冊。

1,650円

心を癒す ストレス・フリーの幸福論

人間関係、病気、お金、老後の不安……。ストレスを解消し、幸福な人生を生きるための「心のスキル」が語られる。

1,650円

病を乗り切るミラクルパワー

常識を超えた「信仰心で治る力」

糖質制限、菜食主義、水分摂取――、その“常識”に注意。病気の霊的原因と対処法など、超・常識の健康法を公開！ 認知症、統合失調症等のQAも所収。

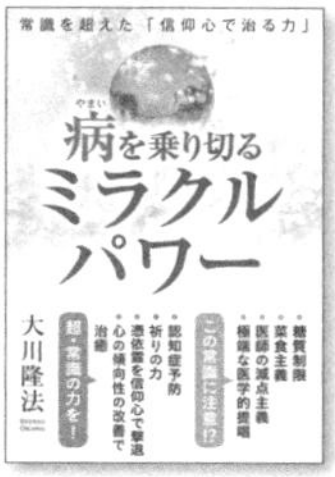

1,650円

病の時に読む言葉

書き下ろし箴言集

病の時、人生の苦しみの時に気づく、小さな幸福、大きな愛――。生かされている今に感謝が溢れ出す、100のヒーリング・メッセージ。

1,540円

幸福の科学出版

幸福の科学グループのご案内

宗教、教育、政治、出版、芸能文化などの活動を通じて、地球的ユートピアの実現を目指しています。

幸福の科学

一九八六年に立宗。信仰の対象は、大宇宙の根本仏にして地球系霊団の至高神、主エル・カンターレ。世界百八十四カ国以上の国々に信者を持ち、全人類救済という使命の下、信者は、主なる神エル・カンターレを信じ、「愛」と「悟り」と「ユートピア建設」の教えの実践、伝道に励んでいます。

（二〇二五年七月現在）

愛

幸福の科学の「愛」とは、与える愛です。これは、仏教の慈悲《じひ》や布施《ふせ》の精神と同じことです。信者は、仏法真理をお伝えすることを通して、多くの方に幸福な人生を送っていただくための活動に励んでいます。

悟り

「悟り」とは、自らが仏の子であることを知るということです。教学《きょうがく》や精神統一によって心を磨き、智慧《ちえ》を得て悩みを解決すると共に、天使・菩薩《ぼさつ》の境地を目指し、より多くの人を救える力を身につけていきます。

ユートピア建設

私たち人間は、地上に理想世界を建設するという尊い使命を持って生まれてきています。社会の悪を押しとどめ、善を推し進めるために、信者はさまざまな活動に積極的に参加しています。

海外支援・災害支援

幸福の科学のネットワークを駆使し、世界中で被災地復興や教育の支援をしています。「HS・ネルソン・マンデラ基金」では、人種差別をはじめ貧困に苦しむ人びとなどへ、物心両面にわたる支援を行っています。

自殺を減らそうキャンペーン

毎年2万人を超える自殺を減らすため、全国各地で「自殺防止活動」を展開しています。

公式サイト　**withyou-hs.net**

自殺防止相談窓口

受付時間　火〜土:10〜18時（祝日を含む）

TEL　**03-5573-7707**　メール　**withyou-hs@happy-science.org**

ヘレンの会

公式サイト　**helen-hs.net**

視覚障害や聴覚障害、肢体不自由の方々と点訳・音訳・要約筆記・字幕作成・手話通訳等の各種ボランティアが手を携えて、真理の学習や集い、ボランティア養成等、様々な活動を行っています。

幸福の科学　入会のご案内

幸福の科学では、主エル・カンターレ 大川隆法総裁が説く仏法真理《ぶっぽうしんり》をもとに、「どうすれば幸福になれるのか、また、他の人を幸福にできるのか」を学び、実践しています。

入会

仏法真理を学んでみたい方へ

主エル・カンターレを信じ、その教えを学ぼうとする方なら、どなたでも入会できます。入会された方には、『入会版「正心法語《しょうしんほうご》」』が授与されます。
入会ご希望の方はネットからも入会申し込みができます。

happy-science.jp/joinus

三帰《さんき》誓願《せいがん》

信仰をさらに深めたい方へ

仏弟子としてさらに信仰を深めたい方は、仏《ぶっ》・法《ぽう》・僧《そう》の三宝《さんぽう》への帰依を誓う「三帰誓願式」を受けることができます。三帰誓願者には、『仏説・正心法語』『祈願文《きがんもん》①』『祈願文②』『エル・カンターレへの祈り』が授与されます。

幸福の科学 サービスセンター
TEL 03-5793-1727
（受付時間／火〜金:10〜20時　土・日祝:10〜18時（月曜を除く））

幸福の科学 公式サイト
happy-science.jp

幸福実現党

日本の政治に精神的主柱を立てるべく、2009年5月に幸福実現党を立党しました。創立者である大川隆法党総裁の精神的指導のもと、宗教だけでは解決できない問題に取り組み、幸福を具体化するための力になっています。

幸福実現党　党員募集中

あなたも幸福を実現する政治に参画しませんか。

＊申込書は、下記、幸福実現党公式サイトでダウンロードできます。

住所：〒107-0052
東京都港区赤坂2-10-8 6階 幸福実現党本部
TEL 03-6441-0754　FAX 03-6441-0764
公式サイト hr-party.jp

HS政経塾

大川隆法総裁によって創設された、「未来の日本を背負う、政界・財界で活躍するエリート養成のための社会人教育機関」です。既成の学問を超えた仏法真理を学ぶ「人生の大学院」として、理想国家建設に貢献する人材を輩出するために、2010年に開塾しました。これまで、多数の地方議員が全国各地で活躍してきています。

TEL 03-6277-6029
公式サイト hs-seikei.happy-science.jp

ハッピー・サイエンス・ユニバーシティ
Happy Science University

ハッピー・サイエンス・ユニバーシティとは

ハッピー・サイエンス・ユニバーシティ（HSU）は、
大川隆法総裁が設立された「日本発の本格私学」です。
建学の精神として「幸福の探究と新文明の創造」を掲げ、
チャレンジ精神にあふれ、新時代を切り拓く人材の輩出を目指します。

人間幸福学部　**経営成功学部**　**未来産業学部**

HSU長生キャンパス　TEL **0475-32-7770**
〒299-4325　千葉県長生郡長生村一松丙 4427-1

未来創造学部

HSU未来創造・東京キャンパス
TEL **03-3699-7707**
〒136-0076　東京都江東区南砂2-6-5

公式サイト **happy-science.university**

学校法人 幸福の科学学園

学校法人　幸福の科学学園は、幸福の科学の教育理念のもとにつくられた教育機関です。人間にとって最も大切な宗教教育を通して精神性を高めながら、ユートピア建設に貢献する人材輩出を目指しています。

幸福の科学学園

中学校・高等学校（那須本校）
2010年4月開校・栃木県那須郡（男女共学・全寮制）
TEL **0287-75-7777**　公式サイト **happy-science.ac.jp**

関西中学校・高等学校（関西校）
2013年4月開校・滋賀県大津市（男女共学・寮及び通学）
TEL **077-573-7774**　公式サイト **kansai.happy-science.ac.jp**

仏法真理塾「サクセスNo.1」

全国に本校・拠点・支部校を展開する、幸福の科学による信仰教育の機関です。小学生・中学生・高校生を対象に、信仰教育・徳育にウエイトを置きつつ、将来、社会人として活躍するための学力養成にも力を注いでいます。

TEL 03-5750-0751（東京本校）

サクセスNo.1 東京本校（戸越精舎内）

エンゼル精舎

乳幼児を対象とした幸福の科学の託児型の宗教教育施設です。神様への信仰と「四正道」を土台に、子供たちの個性を育みます。

（※参拝施設ではありません）

エンゼルプランV

東京本校を中心に、全国に支部教室を展開。0歳～未就学児を対象に、信仰に基づく豊かな情操教育を行う幼児教育機関です。

TEL 03-5750-0757（東京本校）

不登校児支援スクール「ネバー・マインド」

TEL 03-5750-1741

「信仰教育」と「学業修行」を柱に、再登校へのチャレンジと、生活リズムの改善、心の通う仲間づくりを応援します。

ユー・アー・エンゼル！（あなたは天使！）運動

障害児の不安や悩みに取り組み、ご両親を励まし、勇気づける、障害児支援のボランティア運動を展開しています。

一般社団法人
ユー・アー・エンゼル
TEL 03-6426-7797

公益活動支援

いじめから子供を守ろうネットワーク

学校でのいじめをなくし、教育改革をしていくためにさまざまな社会提言をしています。
さらに、いじめ相談を行い、各地で講演や学校への啓発ポスター掲示等に取り組む一般財団法人「いじめから子供を守ろうネットワーク」を支援しています。

公式サイト mamoro.org　ブログ blog.mamoro.org

相談窓口 TEL.03-5544-8989

幸福の科学出版

大川隆法総裁の仏法真理の書を中心に、ビジネス、自己啓発、小説など、さまざまなジャンルの書籍・雑誌を出版しています。また、大川総裁が作詞・作曲を手掛けた楽曲CDも発売しています。他にも、映画事業、文学・学術発展のための振興事業、テレビ・ラジオ番組の提供など、幸福の科学文化を広げる事業を行っています。

アー・ユー・ハッピー？
are-you-happy.com

ザ・リバティ
the-liberty.com

THE FACT
YouTubeにて随時好評配信中！
ザ・ファクト
マスコミが報道しない「事実」を世界に伝えるネット・オピニオン番組
公式サイト **thefact.jp**

全国36局 & ハワイで毎週放送中！

ラジオ番組 天使のモーニングコール

天使のモーニングコール
毎週様々なテーマで大川隆法総裁の心の教えをお届けしているラジオ番組
公式サイト **tenshi-call.com**

幸福の科学出版 TEL **03-5573-7700** 公式サイト **irhpress.co.jp**

NEW STAR PRODUCTION

ニュースター・プロダクション

公式サイト **newstarpro.co.jp**

「新時代の美」を創造する芸能プロダクションです。多くの方々に良き感化を与えられるような魅力あふれるタレントを世に送り出すべく、日々、活動しています。

ARI Production

ARI《アリ》 Production《プロダクション》

公式サイト **aripro.co.jp**

タレント一人ひとりの個性や魅力を引き出し、「新時代を創造するエンターテインメント」をコンセプトに、世の中に精神的価値のある作品を提供していく芸能プロダクションです。

来世幸福園の法要について

「来世幸福法要」

遺骨を来世幸福壇に納める法要です。故人の、来世での幸福を願って、エル・カンターレ系霊団との縁を深める機会となります。三帰誓願を受けていない故人に対しては、「死後三帰誓願式」を行います。

「法要会《ほうようえ》」

毎年、春と秋のお彼岸、お盆の時期に行われます。来世幸福園に眠れる諸霊の栄誉をたたえ、ご先祖への供養と来世の幸福を祈る、集合形式の法要行事です。

どなたでも参加できます

定例の法要会

- 春のお彼岸（3月）
- お盆（8月）
- 秋のお彼岸（9月）

「お墓参り読経供養」

来世幸福園へのお墓参りの際に、導師が、来世幸福壇の前で経文読誦と法話をし、参列者の供養の念いを故人にお届け致します。

「帰天家族永代《えいたい》供養」「先祖永代供養」

納骨されている諸霊全てに永代供養の御光を手向けることができます。

「帰天日《きてんび》法要」「月命日《つきめいにち》法要」

※こちらの法要は、支部でも行うことができます。

一周忌、三回忌、七回忌や、毎月の命日など、故人の命日にちなんだ追善供養となります。地上の人たちの供養の念いは、あの世の霊人の幸福につながります。

家庭での供養

ご家庭では、世界伝道型御本尊と家庭供養壇で故人の供養を行います。

天国の慈悲の光を故人に届けるための祈願・研修

幸福の科学では、お世話になった故人への感謝を深め、その方の来世での幸福を実現するための、さまざまな祈願や研修を開催しています。その一部をご紹介します。

総本山・先祖供養
永代《えいたい》供養／七年供養／三年供養／一年供養

『総本山・先祖供養経』を読誦し、地上を去りたる諸霊に対し、あの世への導きの光を与えます。

総本山・正心館、総本山・那須精舎、聖地・四国正心館で開催
※3月と8月に行われる先祖供養大祭では、「総本山・先祖供養」を全国の精舎で開催

愛念《あいねん》供養祈願

心からの愛と供養の思いを、あの世の愛しい故人に届け、あの世での幸福を祈ります。

全国の精舎で開催

『故人の徳を偲《しの》ぶ瞑想』研修

故人に対して、良い思い出を中心に徳を偲ぶ瞑想を行います。研修のなかで、心を込めて手紙を書き、霊界の故人に届けます。

総本山・那須精舎、聖地・四国正心館で開催

先祖供養大祭

全国の幸福の科学の支部・精舎では、3月に「春の先祖供養大祭」、8月に「お盆の先祖供養大祭」を開催しています。

『故人の徳を偲ぶ瞑想』研修　イイシラセ

父が天上界に存在していることを実感

父は、87歳での大往生でした。那須精舎の研修に参加して、父との思い出を振り返り始めると、「ああ、もっと、こうしてあげれば……」という後悔の念が込み上げてきましたが、瞑想をしていると、父が30代くらいの姿で現れて、私に白い蘭《らん》の花束を差し出し、「大丈夫だよ、気にするな」というメッセージを伝えてくれました。はつらつとして、喜びと元気に溢れている父の姿を見せていただき、天上界には、生まれ変わった本来の父が確かに存在していると深く実感できました。

Y・Wさん　50代

ご案内

来世幸福への旅立ち

「幸福の科学葬儀」の
―通夜式《つやしき》・帰天式《きてんしき》―

死者に対して霊的自覚を促し、光の世界へと導く
尊い葬儀を行えるのは幸福の科学だけです。

ご帰天から葬儀・来世幸福（納骨）法要の手順

生涯現役で活躍

▼

ご帰天
（自宅・病院）

▼

・支部／葬儀社
への連絡
・仮通夜（枕経）

▼

通夜式

▼

帰天式

▼

火葬／
遺骨《いこつ》迎《むか》えの儀

▼

初七日法要
四十九日法要

▼

来世幸福法要

▼

来世の幸福へ

通夜《つや》式
魂が肉体から離脱する間に
故人の霊的自覚を促します。

帰天《きてん》式
故人の魂に対して、自らの死
を自覚させ、光の世界への導
きを与えます。

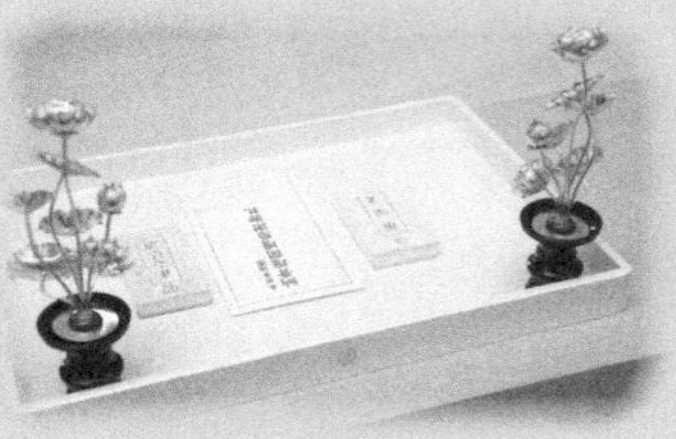

帰天式等のお問い合わせは
来世幸福セレモニー株式会社まで
TEL 03-6384-3769（代）
（平日10:00～17:00）